中国名村志文化工程
Culture Project of Local Records of China's Famous Villages
中国名村志丛书

U0788056

外三道沟村志

LOCAL RECORDS OF WAISANDAOGOU

黑龙江省黑河市爱辉区瑷珲镇外三道沟村志编纂委员会 编

方志出版社
Publishing House of Local Records

图书在版编目（CIP）数据

外三道沟村志 / 黑龙江省黑河市爱辉区瑷珲镇外三道沟村志编纂委员会编 . — 北京 : 方志出版社，2022.9
（中国名村志丛书）
ISBN 978-7-5144-5063-7

Ⅰ. ①外… Ⅱ. ①黑… Ⅲ. ①村史—黑河 Ⅳ. ① K293.55

中国版本图书馆 CIP 数据核字（2022）第 057061 号

责任编辑：王品
责任校对：刘玉霞
责任印制：赵楚
出 版 者：方志出版社
地　　址：北京市朝阳区潘家园东里 9 号（国家方志馆 4 层）
邮　　编：100021
网　　址：http://www.zgfzcb.cn
发　　行：方志出版社图书营销中心（010-67110500）
印　　刷：北京中科印刷有限公司
开　　本：787 毫米 ×1092 毫米　1/16
印　　张：13.5
字　　数：243 千字
版　　次：2022 年 9 月第 1 版
印　　次：2022 年 9 月第 1 次印刷
定　　价：109.00 元

◉ 序一

中共十九大报告明确提出："坚定文化自信，推动社会主义文化繁荣兴盛。""没有高度的文化自信，没有文化的繁荣兴盛，就没有中华民族伟大复兴。要坚持中国特色社会主义文化发展道路，激发全民族文化创新创造活力，建设社会主义文化强国。"编修地方志是中华民族千百年来的固有传统，留下了浩如烟海的历史文献，承担着传承中华文明、发掘历史智慧的重任，发挥着存史、育人、资政的作用。

在习近平新时代中国特色社会主义思想指引下，在增强文化自信、推动传统文化创造性转化、创新性发展背景下，全国地方志事业迎来了开拓创新与转型升级的重要机遇期。中国地方志指导小组及其办公室组织实施的中国名村志文化工程，用中国独有的文化载体——地方志，来记录乡村的"名"和"特"，记录乡村全面建成小康社会的进程和取得的成就，是地方志围绕以人民为中心开拓创新的具体举措，是传承乡土文化、坚定文化自信、加快建设社会主义文化强国的内在要求，是服务乡村振兴战略、加快全面建成小康社会、推进社会主义现代化建设、实现中华民族伟大复兴中国梦的应有之义。

实施中国名村志文化工程，是方志人贯彻落实习近平总书记"农村要留得住绿水青山，系得住乡愁"重要讲话精神的重要举措。"望得见山、看得见水、记得住乡愁……"习近平总书记用诗意的语言为中国的新农村建设指明了方向。开展新农村建设、美丽乡村建设，一定要把绿水青山保留下来，尽可能在原有村庄形态上改善农民生活条件，不盲目拆旧，也不盲目造新，让家乡的每一条河、每一棵树、每一口井，都能永远成为我们的乡愁。这是我们弘扬传统、面向未来的底气所在。那么，如何留住乡音、乡风、乡思，继承传统文化菁华，挖掘历史智慧，成为极其重要的工作。实施中国名村志文化工程，保护抢救、传承保存、开发利用宝贵的村落文化，重新唤起人们记忆中古老村落的青山绿水、小河大树、轶事掌故，打造完整记录乡村发展嬗变和现代化农村经济社会运行模式的系列中国名村志丛书，让乡土文化回归并为困惑的当代人提供精神家园，让农耕文化的优秀菁华成为建构农村文明的底色，无疑具有重要的现实意义和深远的历史意义。

实施中国名村志文化工程，是方志人贯彻落实党中央乡村振兴战略的鲜活实践。中共十八大以来，以习近平同志为核心的党中央高度重视农业、农村、农民工作，提出了许多新理念、新思想、新战略，特别是中共十九大报告作出实施乡村振兴战略的重大部署。2018 年 9 月 26 日，中共中央、国务院印发《乡村振兴战略规划（2018—2022 年）》，明确提出“鼓励乡村史志修编”。深入推进中国名村志文化工程，有利于全面翔实记录乡村振兴进程，客观记载地理环境、历史沿革、姓氏源流、人口、民族、方言、民居、宗祠、风俗习惯、家谱族谱、家规族规、宗教信仰、文物遗址、掌故传说、历史事件、人物等，完整保留乡土文化的原貌。所有这些工作，可以为延伸地方志工作触角，充分发挥志书存史、育人、资政功能提供借鉴；可以为社会各界和华人华侨、港澳台同胞寻根问祖、反哺桑梓、泽被乡里提供帮助。依托中国名村志文化工程的重要平台与载体，乡村振兴战略下的现代乡村将进一步挖掘自身独特内涵，彰显其新时代的作用及意义。

中国名村志文化工程从新时代中国特色社会主义的新需求出发，创新体例，立足实际，内容既严谨又通俗，展示了不同地区自然和社会风貌，在坚持志体基础上运用专题报告、回忆录、人物访谈、新闻资料等多种手法，重点介绍农村地区在转型发展方面的探索、示范、引领意义，对于不断提高地方志事业围绕中心服务大局的能力，为乡村改革发展贡献历史智慧，讲好中国故事，彰显中国软实力，增强“四个自信”等方面具有积极意义。

两年来，在借鉴中国名镇志丛书及各地乡镇（村）志宝贵编纂经验的基础上，中国名村志丛书编修不断取得丰硕成果，产生了良好的社会效益，新一批中国名村志的申报数量、覆盖范围延续强劲增长态势，充分体现出强大的内生动力。下一步，要总结经验、把握规律，为服务国家城镇化建设和乡村振兴战略打造更多优秀文明成果，推动中华优秀传统文化创造性转化和创新性发展，从中提炼出适合新时代、新形势、新变化、新要求的文化精髓，展现中国方志的当代价值和世界意义。

是为序。

中国社会科学院原院长
中国地方志指导小组原组长　谢伏瞻

◉ 序二

连绵不断地编修地方志是中国独有的优秀文化传统，承担着赓续文明、传承文化的重任。保存至今的 8000 余种、10 万余卷历代方志，蕴含着传统文化基因和海量文化信息，既是中华优秀传统文化的重要组成部分，又是传承、彰显中华优秀传统文化的重要载体。

在各种类型的地方志编纂中，村志编纂古已有之，但从未进入国家层面的地方志编纂序列。新中国成立以来，党中央、国务院高度重视包括村志编纂在内的地方志工作，出台了重要文件。中央领导发表了重要讲话、作出了重要批示。习近平总书记高度重视包括村志编纂在内的地方志工作。2004 年 10 月，他在担任浙江省委书记时到江山市凤林镇白沙村考察，看到村民编纂的《白沙村志》，鼓励村民把村志继续编纂下去。2014 年 4 月，副总理刘延东在与第五次全国地方志工作会议部分会议代表座谈时指出："要结合发展的新形势，加强对地方志包括部门志、行业志、专题志、乡镇村志编纂的业务指导和服务。"2015 年 8 月，国务院办公厅印发的《全国地方志事业发展规划纲要（2015—2020 年）》，正式将中国名村志文化工程列为主要任务之一。2017 年 5 月，中共中央办公厅、国务院办公厅印发的《国家"十三五"时期文化发展改革规划纲要》指出："完成省、市、县三级地方志书出版工作。开展旧志整理和部分有条件的镇志、村志编纂。"可以说，村志编纂迎来了历史上的最好时期。

农业、农村、农民"三农"问题，是数千年来影响中国社会发展最核心的问题。中共中央高度重视"三农"工作，从 2004 年起，连续 13 年，每年的中央 1 号文件都聚焦"三农"。中共十九大报告更是提出"农业农村农民问题是关系国计民生的根本性问题，必须始终把解决好'三农'问题作为全党工作重中之重"，特别是提出了"乡村振兴战略"，这是中国共产党在中国特色社会主义进入新时代后，对农村发展问题所做出的准确把握和与时俱进的战略应对，是建设中国特色社会主义强国战略的重要组成部分。改革开放近 40 年来，在党中央、国务院高度重视社会主义新农村建设的新形势下，各地涌现出一大批历史文化名村、经济强村、新农村建设示范（试点）村、美丽乡村和特色村，成为先进生产力和先进文化的代表。客观记录中国农村全面建成小康社会的进程，向后人展示在中国共产党领导下农村千年未有的巨变，是地方志工作者肩负的光荣而重大的历史使命。编纂中国名村志丛书，是记载当代中国农村发展变革的重要途径。

文化寻根，寻的是其发展的源头和根基。村落是中国传统文化的根基所在。农村的生产生活方式、社会规范、宗族文化、宗教文化、民风习俗、传统节日、民间艺术等，无不镌刻着中国人独特的民族性格，这就是家国情怀、文脉绵延、精神归属。在快速城镇化进程的冲击和开发性破坏下，大量传统村落面临消亡的危机，村落蕴含的历史文化信息也流失殆尽，抢救性保护刻不容缓。编纂中国名村志丛书，是保存村落历史文化信息，抢救、保护村落文化最好的方式。

一方水土养一方人。家乡的山水草木、村间小巷、乡俗民情会在每个人心头留下深刻的烙印，这就是故土情结。而村落的形成与发展离不开人的活动。编纂中国名村志丛书，通过记述村落建筑、名门望族来追溯村落的历史；通过记述村落规模、布局、人口、物产等反映人口来源、宗族兴衰、生活习惯、文化背景、宗教信仰、经济发展等，体现环境与人相互影响、相互作用、相互发展的既矛盾又统一的关系；通过记述戏剧、音乐、舞蹈、美术、文学、手工技艺等文化形式，展示百姓在长期的生产生活实践中摸索和总结出的智慧结晶，强化人们沟通感情的纽带。编纂中国名村志丛书，是传承乡俗、诉说乡音、记住乡愁、纾解乡思，激活历史传统、唤起共同文化记忆、塑造共同心灵认同的重要文化工程。

中国名村志文化工程以践行文化自信、传承中华文脉、彰显时代发展为己任，以打造全国地方志系统的重要品牌为目标，在体裁运用、篇目设置、资料选择等方面进行大量的创新，突出“名”和“特”，拣选各个名村中最值得记述、最具有代表性的人、事、物，予以浓墨重彩的描画，从而形成系列的、高质量的、可读性强、雅俗共赏的地方志读本，让地方志紧接地气、贴近百姓，让地方志成果进入寻常百姓家，让人民群众共享地方志成果，让越来越多的人从地方志中感知传统、历史和记忆，成为传统村落和传统文化的守护者，成为中华优秀文化的传承者。

是为序。

中国社会科学院原院长
中国地方志指导小组原组长　王伟光

◉ 序三

习近平总书记指出："让居民望得见山、看得见水、记得住乡愁。"这句富有诗意的重要论述不仅唤醒了中国人城镇化建设过程中对于人和自然关系、人和历史关系的思考，同时也引发了学界对"乡愁"进一步进行文化意义解读的兴趣。从本质上看，乡愁是一种源自主体体验的情感，隐含了一种人们带着乡愁追寻自我生存与生命意义、追寻诗意栖居的精神家园的美学思辨。同时，这种追寻自我生存的主体逐渐转向大众群体，乡愁也由传统单一的"文化乡愁""爱国情怀"演变为对于"理想家园"的精神追求。

中国有近60万个村庄，约有5000个古村落，被住房和城乡建设部、国家文物局界定的传统村落就有1561个。随着中国城镇化步伐的加快，乡村的版图日渐凋敝，大批农村青壮年劳动力走进城镇，融入了新的生活。然而，每逢传统佳节，那种挥之不去的离愁别绪挟裹着亿万农民工，又融入了返乡的滚滚洪流。这是乡愁的情愫牵动着他们，是故乡的山、故乡的水、故乡的老屋、故乡的小吃在牵动着他们，是故乡家家户户的楹联和口口相传的故事，以及只有在隆重的传统佳节才有的古老的民风习俗在牵动着他们。

文化可以体现一个民族、一个国家、一个社会的重量与体温，这是文化的力量之所在，而村落是传统中国的根脉所系，乡土社会是最能够体现中国传统文化特征的地方。梁漱溟曾指出："中国文化是以乡村为本，以乡村为重，所以中国文化的根就是乡村。"我曾在《建设社会主义新农村的理论与实践》一书中指出，在新农村建设的过程中，必须"保护和发展有地方和民族特色的优秀传统文化，创新农村文化生活的载体和手段，满足农民群众多层次、多方面的精神文化需求"，而编纂村志尤其是实施中国名村志文化工程就是一个重要举措。实施中国名村志文化工程，编纂中国名村志丛书，以最基层的村落为研究对象，寻根传统村落的历史，梳理村落的发展脉络，以唤起人们的归属感和认同感，探索新型城镇化和社会主义新农村建设过程中，如何留住乡音、乡风、乡思，继承传统文化菁华，挖掘丰富历史智慧，是贯彻落实中央城镇化工作会议精神和中共十九大提出的"乡村振兴战略"的重要举措，是当前和今后一个时期全国地方志工作者的重要工作。

虽然村落文化正在日益远离当下生活，但我们可以抓住诸如基本村情、文物胜迹、古村保护、特色文化、旅游名胜、村域经济、风土民情、村民生活、新农村建设、艺文杂记、名人与名村等关键内容，通过志书的手法来诠释乡村文化的精华。我们如实记录着村落里的人和事，以及青山绿水、小河大树、袅袅炊烟，力争以最完整、最原真的方式呈现村落的前世今生。我们要为“迷失”的人留住乡村文化的根脉，让人们难以割舍的乡愁得以慰藉和释放。

中国名村志文化工程将触角伸向那些极具代表性的村落，它们有的历史悠久、名人辈出，有的经济腾飞、重获新生，有的风景秀丽、景观独特，有的地处边陲、神秘莫测……我们挖掘中国不同类型村落的发展之路，为探索新型城镇化和社会主义新农村建设的发展经验、发展模式、前进道路提供历史智慧和现实借鉴。因此，打造以重在表现乡村嬗变为主旨的中国名村志丛书十分必要和迫切，这是一项功在当代、利在千秋的文化工程。

近年来，随着中国经济社会的发展和国际地位的提高，越来越多的人想要认识中国、了解中国、研究中国。在这样的形势下，乡村是不可或缺的一环，我们要集中讲好发生在乡村的故事，向世界呈现一个多元的、立体的中国。乡村历经岁月变迁的风雨，见证着改革开放的步伐，寄托着数代中国人的情感。发生在乡村的故事无疑是血肉丰满的、震撼人心的、引起共鸣的。我们应该有这个自信能够讲好乡村故事，讲好中国故事，描绘出中国的底色，“让每一个中国人都能在地方志中找到自己的位置”。

可喜的是，越来越多的有识之士认识到了这一点，加入到保护、传承、发展村落文化的队伍中来。仅就编纂中国名村志丛书来看，第一批的申报范围就涵盖包括香港特别行政区在内的32个地区，申报数量高达70余部。“直笔著信史，彰善引风气，为当代提供资政辅治之参考，为后世留下堪存堪鉴之记述”，这是我们的初心和使命。希望中国名村志文化工程的实施，能够带动更多的人关注中国乡村文化，为社会主义文化强国建设作出更大的贡献。也希望越来越多的名村都来融入继承中华文化传统、颂扬中华传统文化的活动中，让正能量更多地润泽温暖人们的心灵，让更多的人“记得住乡愁”！

是为序。

中国社会科学院原副院长
中国地方志指导小组原常务副组长　李培林

◉ 中国名村志丛书凡例

一、以马克思列宁主义、毛泽东思想、邓小平理论、“三个代表”重要思想、科学发展观、习近平新时代中国特色社会主义思想为指导，坚持辩证唯物主义和历史唯物主义的立场、观点和方法，存真求实，全面、客观、系统记述中国名村村落发展变化进程和改革开放成果，反映小康社会建设过程，传承和抢救乡土历史文化，激发爱国爱乡情怀，留住乡愁，为服务乡村振兴战略提供历史智慧和现实借鉴。

二、为全面反映入志事物发展脉络，各志上限尽量追溯至事物发端，下限一般断至各志启动编修年份，个别重大事项可延至搁笔。详今明古，着重反映时代特色和地方特点，重点体现各村的“名”与“特”。

三、记述地域范围以下限年份的行政辖区为主。为体现名村在更大区域内的意义，可以从更开阔的区域视野记述与该村相关的内容。

四、统一采用纲目体，设类目、分目、条目三个层次。横排门类，纵述史实，述而不论。

五、综合运用述、记、志、传、图、表、录等体裁，以志体为主。体裁运用适当创新，篇目设置不求面面俱到。

六、除引用文字和附录文献资料外，统一使用规范的现代语体文记述，文字朴实、严谨、简洁、流畅、优美，可读性强。

七、人物部类遵循“生不立传”原则，人物传主按生年排序，只选录对本村发展有重大影响的人物，不面面俱到。

八、各项数据一般采用国家统计部门数据。数据缺乏的，采用主管部门或主办单位正式提供的数据。

九、数字用法、标点符号用法分别采用国家标准《出版物上数字用法》（GB/T 15835—2011）、《标点符号用法》（GB/T 15834—2011），计量单位采用国家技术监督局1993年12月发布的《量和单位》系列国家标准。历史上使用的计量单位，如斗、石、里、尺、磅、华氏度等，在引文时可照录。考虑到社会使用习惯，全书中亩不统一换算。

十、中华民国成立前的纪年，使用朝代年号纪年，括注公元年份；中华民国成立后的纪年，均使用公元纪年。志中所称“解放前（后）”，以该村解放日为界；“新中国成立前（后）”，以中华人民共和国成立日1949年10月1日为界；“改革开放前（后）”，以1978年12月中共十一届三中全会召开为界。本志“××年代”，凡未加世纪者，均指20世纪。

十一、为节省篇幅，避免重复，本志采用条目互见法。参见条目的表示形式为：参见本志“××类目·××分目·××条目”。

十二、对旧志、古籍中的繁体字、冷僻字一般用简化字或通用字替换，易引起误解的则保留。

十三、记述各个历史时期的党派、机构、职务、地名等，均以当时的名称为准。对频繁使用的名称，首次用全称并括注简称，其后用简称。

十四、各村志需要单独说明的事项，均在各自编后记中记述。

外三道沟村在中国的位置

审图号：GS（2021）8819号

外三道沟村在黑龙江省的位置

1 : 6 150 000

审图号：GS（2021）8819号

注：大兴安岭地区行政公署驻内蒙古自治区加格达奇

外三道沟村平面示意图

北
至吉黑高速收费站4千米
至锦河农场8千米
至黑河市区22千米
G331
知青林
勇胜农机合作社 135
134
133
至垂钓园0.5千米
知青生活体验园 132
文化广场
村史馆
井房广播
空
江畔公园
黑龙江
称房
至江边浴场
至瑷珲镇9千米
图例
党支部
村委会
壹玖陆玖旅游合作社
村史馆
商店、广场
居民房屋
农家乐
民宿区
1~135 门牌号

玉带明珠——外三道沟村（2014 年）

航拍外三道沟村全貌（2019）

2020 年，村史馆（国家方志馆知青分馆北疆知青第一村陈列馆）外景

2019 年 7 月，上海知青在外三道沟村演出纪念知青上山下乡 50 周年

上海知青与外三道沟村民合影（2019 年）

外三道沟村上海知青与村民全家福（2019年）

黑龙江省巾帼环境文明建设示范村奖牌（2009 年）

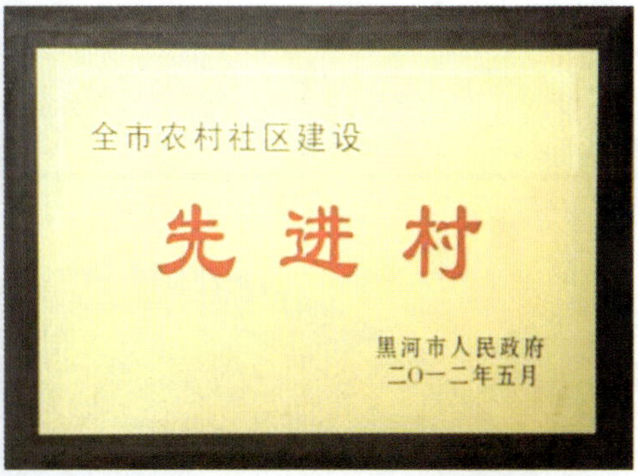

黑河市农村社区建设先进村奖牌（2012 年）

黑龙江省乡村旅游示范点奖牌（2016 年）

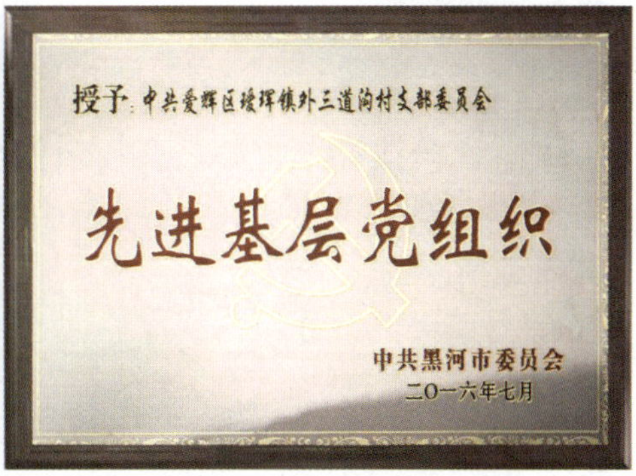

黑河市先进基层党组织奖牌（2016 年）

黑龙江省级卫生先进村奖牌（2018 年）

黑龙江省文明村标兵奖牌（2017 年）

北疆
知青第一村

◉ 目录

塞外满族栖聚地　北疆知青第一村

外三道沟村地处祖国东北边疆，是坐落在黑龙江畔的边境满族村。区位优越，景色宜人，土地肥沃，物产富饶。数百年的满族文化哺育了一代又一代的外三道沟村人，他们不忘先祖，传承满族习俗，在生活起居、衣着服饰、饮食偏好、婚嫁丧葬、礼仪习俗、时令节庆等方面，形成了独具特色的民风民俗。

二十世纪六七十年代，107 位知青来到外三道沟村插队落户，与村民风雨同舟，同甘共苦，共建幸福家园。十年韶华，刻骨铭心；十年亲情，没齿不忘。知青返城后，感恩回馈，情系第二故乡，知青村民互访，情谊不断。知青文化助力外三道沟村持续发展，奔向小康。

外三道沟村独特的乡土文化，源远流长，走进新时代，更是开放虚怀、兼收并蓄、丰富多彩。在党和政府乡村振兴政策指引下，在勤劳朴实的外三道沟村民的努力下，生产力不断提高，村民收入逐年递增，居住条件和生活环境不断改善。随着社会主义美丽乡村建设的不断推进，各项工作齐头并进，亮点纷呈，历年来多次获得省、市、区各类荣誉称号。

一

外三道沟村是中国历史文化名镇瑷珲镇的下辖村。位于黑河市区东南 22 千米、瑷珲镇东北 9 千米处，南与外二道沟村接壤，北与外四道沟村相邻。村庄处于黑河盆地腹地，外连大江，内襟青山，地势平坦，土质肥沃，适合农作物生长；山林茂密，雨量充沛，气候湿润，草地丰茂，适宜发展畜牧业；村东紧依中俄界河黑龙江，村西有 331 国道通过，交通便利。

外三道沟村是一个有着 300 多年历史的古村落。清康熙二十二年（1683）清政府为抗御沙俄入侵，从宁古塔（宁安）、吉林乌拉（吉林）、盛京（沈阳）等地征调满洲八旗兵修筑黑龙江城（瑷珲城）。康熙二十四年（1685）、二十五年（1686），清军两次打败入侵雅克萨的沙俄军队，迫使俄国谈判，维护了国家的统一。中俄双方于康熙二十八年签订《尼布楚条约》。雅克萨之战胜利后，抗俄士兵及家眷留守在黑龙江两岸屯垦戍边，其中一部分人来到现为外三道沟村的这片土地，开荒种地、繁衍生息，成为外三道沟村人的先祖。外三道沟村现留存的数本家谱，记载了其先祖英勇抗击沙俄，屯垦戍边，保家卫国的历史。瑷珲历史陈列馆的史料证实在抗击沙俄战争中，外三道沟村有 4 位战士血洒疆场。

外三道沟一带属黑河盆地，西部境内群山连绵起伏，林海茫茫，中东部沟谷纵横，沃野广袤。该村依江而建，因沟得名。创业者为满族，后有汉族人陆续迁入，至今满族人仍占多数。2003 年，黑龙江省民委确认外三道沟村为满族村。

外三道沟村解放较早。1945 年 8 月 10 日，苏联红军解放黑河及瑷珲地区。1947 年 8 月，在瑷珲县瑷珲区（1956 年改乡，为更改生僻字，将“瑷珲”改为“爱辉”）民主政权的领导下，外三道沟屯成立农会和妇女建国会，在 1948 年土地改革中，有 7 位村民第一批加入中国共产党，外三道沟屯与外二道沟屯、外四道沟屯党员组成中共外三道沟村党支部。同年，组成外三道沟村，设立外三道沟村公所。在村政权的领导下，村民支持民主政权，做军鞋、交公粮，积极支援前线；成立自卫武装，盘查可疑人员，震慑土匪，保卫胜利成果，为建立、巩固东北根据地和解放黑河作出贡献。新中国成立后，率先成立互助组、初级社、高级社；在 1958 年的人民公社化运动中，成立既是行政单位又是生产和经营单位的外三道沟生产大队，隶属爱辉人民公社（乡社合一体制）。

二

1969—1980 年，外三道沟生产大队先后接收安置来自上海、黑龙江、辽宁等省（市）的 1967—1975 届初高中毕业的下乡插队知青 107 名。其中，上海知青 63 名，其他省知青 44 名。并有上海插队干部 2 名，齐齐哈尔下放干部多名。

知青们初到外三道沟村时，没有宿舍，被分派到村民家居住，村民们把知青当作亲人对待。在朝夕相处中，知青们学到村民勤劳、善良、朴实的品德和各项劳动、生产技能。知青们在村里参加大田生产、外派民工等各种劳动项目，得到实践锻炼，成长为不怕艰难困苦的有志青年，给村里带来了城市文明和科学文化。知青们与村民同生活，同劳动，一起排戏演戏，开展文体活动；村里为知青修建集体宿舍和食堂，在各方面给予关怀和照顾。知青们为村民献血，扑火救人，下江抢救集体财产等事迹，永远牢记在村民心头。1973 年 8 月 10 日，《黑河日报》头版头条以《积极创造条件热情培育新一代——爱辉县外三道沟生产大队关怀下乡知识青年纪事》为标题，报道了外三道沟生产大队热情接纳知青、精心培养知青、耐心指导知青的感人事迹。1974 年 6 月和 8 月，外三道沟村知青点先后被评为爱辉县先进集体和黑龙江省先进集体。

知青下乡插队的十余年中，与当地村民结下深厚情谊，返城后，感恩回馈第二故乡，纷纷捐款修建村路，改善村貌，建设村史馆、图书馆；邀请村民观看世博会、游览上海滩，数次大型回访看望乡亲。外三道沟村因此被上海知青协会等誉为“中国北疆知青第一村”。

三

二十世纪六七十年代，知青这股生力军来到外三道沟村，与村民们一起艰苦奋斗，自力更生，大力发展生产，农、林、牧、副、渔全面发展，收入大幅提高，劳动日值从 0.8 元提高到 1 元，后逐步提高到 2 元、3 元、5 元，最高一年达 5.6 元，是普通村屯的 5 倍。

改革开放以来，外三道沟村实行家庭联产承包责任制，人均承包耕地 32 亩。经过村民辛勤劳动，全村整体收入再创新高，人均收入连年在万元以上。1982—1985 年，外三道沟生产大队实行社员 60 周岁退休制，每人每年退休金 300 元。外三道沟村各项事业蓬勃发展，取得可喜成绩。1984 年，撤销政社合一建制，建立乡（镇）政府。外三道沟生产大队改称为外三道沟村，设立村民委员会，隶属爱辉镇（2015 年 3 月，经省政府批准，爱辉镇政区名称用字恢复为瑷珲）。外三道沟村 1984 年被评选为区级文明村，1986 年被评选为区级文明村标兵，1993 年被评选为黑河市文明村，2017 年被评为黑龙江省文明村标兵。

随着社会主义美丽乡村建设的不断推进，外三道沟村村民的物质生活水平得到快速提升，物质文明的发展进步带来了广大村民精神面貌的新变化。在争创文明村建设活动中，外三道沟村突出本地特色，将“知青”元素融入文明村建设之中，实现村域经济、满族文化、知青文化、乡土文化和生态文明同步协调发展，各项工作齐头并进，亮点纷呈，取得显著成效。评选“五好家庭”“十星级文明户”等成为外三道沟村文明村建设活动的重要内容，外三道沟村多次获得省、市、区各类荣誉称号。

外三道沟村石刻（2009 年）

外三道沟村知青北门楼（2015 年）

基本村情

外三道沟村隶属瑷珲镇，濒临黑龙江，依江而建，因江而兴。300多年前，清政府为抗击沙俄的入侵，派兵建黑龙江城（亦称瑷珲城），设置黑龙江将军衙门。雅克萨之战胜利后，抗俄士兵屯田于黑龙江两岸，外三道沟村由此而生。

外三道沟村外连大江，内襟青山，南有三道沟小河沟，北有四道沟小河沟，处于黑河盆地之腹地，地域开阔，耕地广袤，地势平坦，土壤肥沃，适合多种农作物生长；山林茂密，雨量充沛，气候湿润，水草丰茂，适宜畜牧业发展。该村先民为满族，后裔兴旺，后有汉族人陆续迁入，至今满族人仍占多数。2003年，黑龙江省民委确认外三道沟村为满族村。

◉ 建置沿革

村名由来 外三道沟村因河沟而得名。三道沟是指瑷珲镇以北第三条由西向东流入黑龙江的河沟。沿这条河沟两岸先后形成带有“三道沟”名字的 4 个屯落。因外三道沟屯位于三道沟河的外侧，东濒黑龙江，故称外三道沟屯。三道沟村名最早见于 1855 年到黑龙江“考察”的俄国学者马克所著《黑龙江旅行记》，书中记载当时从黑龙江上游到奇集湖的 104 个村屯中就有“三道沟屯”。1948 年土地改革时，外三道沟屯与外二道沟屯、外四道沟屯合并组成外三道沟村。

村落形成 据村民关姓、车姓、宁姓族谱记载，其祖先是在康熙二十二年（1683）清政府为了抗御沙俄入侵，从宁古塔、吉林乌拉、盛京等地征调到瑷珲地界修筑黑龙江城、参加雅克萨之战的先民。雅克萨之战胜利后，这些水师营人、汉军、站丁、庄丁等留在黑龙江两岸屯垦戍边，其中一部分人到外三道沟村开荒种地、繁衍生息，至今已历 300 余年十几代，外三道沟村关氏家族的祖墓就在距村 6 千米的西山上。据清同治三年（1864）成书的《黑龙江通省舆图总册》记载，“瑷珲城东北十八里许有三道沟屯，居人 49 户”。又据 1920 年出版的《瑷珲县志》记载：“外三道沟屯，西至东三道沟屯八里，东临黑龙江右岸，南至外二道沟屯六里，北至四道沟屯四里。该屯房宅四十一间，熟地二百四十六垧（公顷）。”

最初，村屯的住户并不集中，散居在沿江一带。有住在前崴子沙土园和后通（后树林）的，也有零星户住西洼子。1933 年 1 月，日军入侵黑河后，在外三道沟屯驻扎军队。日军为强化殖民统治，将分散的住户强行迁至一个集中的地方，形成部落，此后逐步形成现外三道沟村落的基本雏形。2019 年，村域总面积 1668 公顷，耕地面积 995 公顷，共有 124 户、461 人。

外三道沟村晨曦（2021 年）

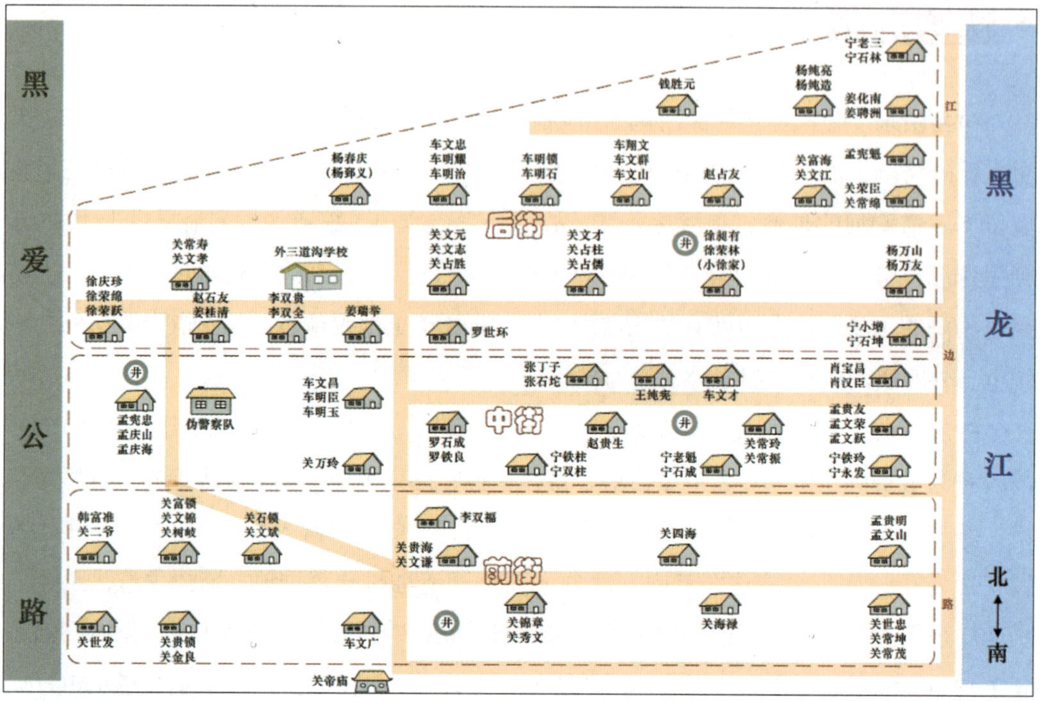

外三道沟村民居位置图（1945 年）

建置区划　1914 年，瑷珲县划分为一城一镇及南、西、北三乡，乡警又分九区，外三道沟屯隶属瑷珲县北乡第二区（派出所）。

1925 年，重新划分为 4 个区，外三道沟屯隶属瑷珲县第二区。

1929 年，设城区与农村 3 个行政区，外三道沟屯隶属瑷珲县第一区。

1933 年 1 月，日军侵占黑河及瑷珲，建立伪瑷珲县公署，县内街、村一级管理仍沿用民国时期的保甲制度。据 1936 年出版的《黑河省政汇览》记载，伪瑷珲县设 6 个保，外三道沟屯隶属瑷珲保。

1944 年 1 月，伪黑河省将所辖各县保甲制改为街村制，瑷珲县设置一街八村，外三道沟屯隶属瑷珲村。

1945 年 8 月，苏联红军出兵中国东北，黑河全境解放，瑷珲县划分为 8 个行政区，外三道沟屯隶属瑷珲区。

1948 年土地改革时，外三道沟屯与外二道沟屯、外四道沟屯组成外三道沟村，属瑷珲区。

1949 年新中国成立后，瑷珲县划分为 7 个行政区，外三道沟村隶属瑷珲区第六行政村，是第六行政村政府所在地。

1953 年，瑷珲县将原瑷珲区改为第三区，外三道沟村隶属第三区。

1956 年 4 月，撤区划乡，外三道沟村隶属瑷珲乡。

1958 年，成立人民公社，实行乡社合一体制，设立既是行政单位又是生产和经营单位的生产大队。外三道沟村设立生产大队，隶属爱辉人民公社。建立包括外二道沟屯、外四道沟屯在内的外三道沟生产大队（又称新生生产大队），外三道沟屯是生产大队所在地。外二道沟屯、外四道沟屯各为一个生产队。外三道沟屯划分为两个生产队，以中央街（后命名为知青路）往南第二条街（后命名为三八街）为界，以南为第二生产队，以北为第三生产队。1967 年秋合并为外三道沟生产队，即外三道沟生产大队第二生产队。1977 年 11 月，取消外三道沟生产大队，建立以自然屯为单位的生产大队，外三道沟生产队改为生产大队，隶属爱辉人民公社。

1984 年，撤销政社合一建制，建立乡（镇）政府。外三道沟生产大队改称为外三道沟村，设立村民委员会，属爱辉镇。

外三道沟村全景（2019 年）

331 国道经过外三道沟村（2020 年）

区位交通

地理区位　外三道沟村位于黑河市区以南黑龙江右岸，地理坐标为北纬 49°58′、东经 126°5′，距镇政府所在地瑷珲镇 9 千米，距黑河市区 22 千米。东濒黑龙江，南与外二道沟村接壤，西临 331 国道，北与外四道沟村相邻。村域东西最大距离 7.2 千米，南北最大距离 3.8 千米，总面积 16.68 平方千米。

经济区位　外三道沟村地处高纬寒地，属第四积温带，土质疏松肥沃，种植业是全村的支柱产业。适宜种植大豆、小麦、玉米、水稻、谷子、薯类等粮食作物和红小豆、芸豆、西瓜等经济作物。外三道沟村东濒黑龙江，西依小兴安岭，村子四周有 4 块天然林，盛产野果、山野菜、食用菌和中草药等经济类野生植物，同时，林缘草甸为发展畜牧业奠定天然资源基础。有黑龙江等数条河流，有天然渔场及多处池塘，为渔业经济发展提供了广阔空间。

交通区位　外三道沟村交通便利，331 国道从村西通过，每天有黑河市区—瑷珲镇 8 个班次的旅游公交车、曹集屯—黑河的客运班车、黑河—瑷珲—西岗子环线的公交车经村往返。外三道沟村距黑河城区 22 千米，通过北黑地方铁路，可到达哈尔滨、齐齐哈尔、大连等地。外三道沟村距黑河瑷珲机场 33 千米，乘飞机可直达哈尔滨、北京、上海、珠海等地。

◉ 自然环境

地形地貌

地形 外三道沟村东濒黑龙江，西接小兴安岭余脉的丘陵地带，地势西高东低，总体地势平坦，坡度平缓，最高点与最低点高差不到 10 米，台地与江面的高差 5 米，平均海拔高度 125 米。

土壤 外三道沟村境域内土壤多为黑色腐殖土、沙壤土、草甸型黑土、暗棕壤黑土，村南为沙壤土。黑土层一般 20 厘米厚，土壤自然肥力较高，偏酸性，有效磷含量较低，有机质含量 4% ~ 6%，含氮量 1.2 ~ 1.7 克 / 千克。由于开垦年份较久，自然肥力有所下降。

黑土地（2012 年）

白桦林（2015 年）

森林植被 外三道沟村西为小兴安岭余脉天然林，村南、西、北有 4 块混交林分布。前通（村南树林）树种为杨树，西通（村西树林）树种多为红松、樟子松、枫桦，后通（村北树林）树种为松阔混交林，罗吉通（村西北树林）主要树种为桦树。林下生长着胡枝子、丛桦、旱柳、杜鹃、沼柳等灌木。除天然林外，还有一定数量人工栽植的农田防护林。

草原植被 林缘为草甸，一些草甸常年或季节性积水，塔头丛立，多以莎草科草类为主，坡前草地以禾本科和豆科为主。草甸植被种类组成主要为小叶樟、草藤杂草。这种草场是由多种中生杂草组成，群落中常见的伴生植物有地榆、野豌豆、蓬子菜、野火球、唐松草、蚊子草等。夏秋季节，绿草繁茂，百花盛开。在沟河两岸、泡塘周围，有大量塔头，呈现常年或季节性积水，以苔草为优势，伴生有大花马齿苋、狼尾草和三棱草等。

草甸（2010 年）

气候物候

气候　外三道沟村位于黑龙江省北部，地处中高纬度，属寒温带大陆性季风气候。春季多偏东南风，降水少，易发生干旱；夏季受东南季风影响，气候温和，降水集中，光照时间长；秋季则降水急剧，时有早霜发生；冬季受极地大陆气团影响，常为蒙古高压所控制，天气寒冷而干燥。由于外三道沟村所处的地理位置，以及太阳辐射、大气环流影响，境内一年四季气候特征变化明显。年平均气温 1.2℃，无霜期 125 天左右，降水量 500 ～ 550 毫米，日照时数 2600 ～ 2700 小时。

春季达紫香（兴安杜鹃）（2012 年）

夏季向日葵（2020 年）

秋季玉米田（2020 年）

冬季雾凇（2013 年）

物候 外三道沟村农作物播种期在每年 4 月上旬至 5 月中旬前。小麦播种期在清明前后，收获期在 7 月末至 8 月；大豆、玉米播种期在 5 月上中旬，收获期在 9 月下旬至 10 月。

外三道沟村物候特征情况表

表 1

物候种类	特征出现时间	物候种类	特征出现时间
藜萌动期	4 月 14 日—5 月 11 日	家榆萌芽	4 月 17 日—6 月 6 日
车前子萌芽	4 月 15 日—5 月 5 日	中东杨萌芽	4 月 19 日—5 月 10 日

续表 1

物候种类	特征出现时间	物候种类	特征出现时间
青蛙始鸣	4 月 28 日—5 月 22 日	家榆种子成熟	5 月 20 日—6 月 7 日
终结冰	4 月 30 日—5 月 13 日	藜开花期	6 月 24 日—8 月 4 日
家燕来	5 月 4 日—5 月 28 日	初霜	9 月 3 日—9 月 28 日
终霜	5 月 6 日—6 月 5 日	初结冰	9 月 10 日—10 月 7 日

外三道沟村自然历情况表

表 2

节气	物候现象	日序	平均日期	平均温度	农事活动
清明后	青草发芽	97	4 月 7 日	-1.3℃	普遍播种小麦
谷雨前	藜萌动期	104	4 月 14 日		—
	车前子萌芽	105	4 月 15 日	3.0℃	种菠菜
	家榆萌芽	107	4 月 17 日		—
	中东杨萌芽	109	4 月 19 日		—
	终积雪日	116	4 月 26 日	5.7℃	—
	青蛙始鸣	118	4 月 28 日		—
立夏前	家燕来	124	5 月 4 日		小麦出苗，种倭瓜
	终雪日	126	5 月 6 日	7.0℃	种角瓜，白露葱返青
	黑龙江流冰结束	127	5 月 7 日		—
	紫丁香展叶	128	5 月 8 日		—
	终结冰日	133	5 月 11 日	8.0℃	播种谷子、大豆、卷心菜
	终霜日	133	5 月 13 日		—
小满前	初雷日	136	5 月 16 日	11.5℃	播种玉米
	家榆种子成熟	142	5 月 22 日		种豆角，大豆出苗
小满	紫丁香开花	147	5 月 27 日	13.8℃	谷子出苗
	初霜日	261	9 月 18 日	11.5℃	大田收获
秋分	终雷日	266	9 月 23 日		—
	初结冰日	270	9 月 27 日	9.0℃	—
寒露前	初雪日	279	10 月 6 日		—
霜降前	初积雪日	291	10 月 18 日	2.2℃	大地封冻
霜降后	黑龙江流冰	296	10 月 23 日		—
立冬后	黑龙江封江	313	11 月 19 日		—

河流池塘

黑龙江　外三道沟村东濒中俄界河黑龙江。中国古时称黑龙江为羽水、黑水、浴水、望建河、室建河、乌桓水、石里罕水，辽金以后通称黑龙江。蒙古语称黑龙江为哈拉穆连，满语称萨哈连乌拉，皆是“黑水”的意译，俄国人根据鄂温克语称黑龙江为阿穆尔河。黑龙江流入黑河市境域后河宽 880 米，至黑河下游女雅通岛附近与俄罗斯的结雅河（中国称精奇里江）汇合，江面明显变宽，达 930 米，径流量明显增大。黑龙江流量变化较大，年平均流量为 344.2 米^3/ 秒，年平均最大流量为 900 米^3/ 秒，年平均最小流量为 121 米^3/ 秒。黑龙江结冰期为半年左右，年平均封冻天数为 165 天，最多时为 180 天，最少时为 150 天。黑龙江航道宽阔，水流平稳，枯水期短，属于常流河，适宜船舶航行。黑龙江干流水深流急，沙砾底，水质清，透明度高，是鲟鱼、鳇鱼及其他鱼类栖息和繁殖的好场所。黑龙江流经外三道沟村境域 5 千米。

本自西向东的黑龙江，由于结雅河的汇入，在外三道沟村境域变成南北方向，并笔直地向前奔涌而去，这段江面被当地人称为“十里长江”。左岸如弓弦平直，右岸如弓背弯曲，外三道沟村恰在弓背底。站在岸边，上可望见卡伦山岛，下可看到瑷珲镇。

清晨的黑龙江（2018 年）

外三道沟村航标（2012 年）

三道沟 是瑷珲镇北第三条河沟，位于外三道沟村南 2.5 千米处，是外三道沟村与外二道沟村的地理分界线。源起罕达汽镇境域东方红煤矿西侧西山，自西向东流经西三道沟村、腰屯村、高岗屯村，汇入黑龙江。瑷珲段全长 7.6 千米。流经外三道沟村境域 2 千米。7—9 月丰水期河水宽度 3 ~ 5 米，水深 1 米许。枯水期较浅或断流。

四道沟 是瑷珲镇北第四条河沟，位于外三道沟村北 2 千米处，是外三道沟村与外四道沟村的地理分界线。源起 202 国道西侧微波站西山，流经外三道沟村境北缘，汇入黑龙江，全长 6.2 千米。流经外三道沟村境域 2.5 千米。

麻地沟 位于外三道沟村南 300 米处，源于村域西洼子沼泽地中泉眼，经村南大泡子流入二道沟河后汇入黑龙江，全长 3 千米。流经外三道沟村境域 2 千米，丰水期河宽 1 ~ 2 米，水量较小，枯水期断流。

大泡子 位于外三道沟村南 1 千米处，天然形成，呈椭圆形，南北长 300 米，东西宽 100 米，面积 3 公顷。平均水深 1 米，丰水期蓄水量 4 万 ~ 5 万立方米。

西池塘养鱼池 位于外三道沟村西 1 千米处，人工开挖而成，水深 2 米，由 7 个养鱼池组成，总面积 7 公顷。

自然资源

土地资源 外三道沟村地势平坦，土壤多为黑色腐殖土、沙壤土、草甸型黑土、暗棕壤黑土。2019 年，有耕地 995 公顷，林地 450 公顷，草原 152 公顷，水面 11 公顷，村民居住区面积 60 公顷。耕地土壤肥力较高，适宜种植多种农作物。

水资源 外三道沟村东濒黑龙江，村南有三道沟、村北有四道沟汇入黑龙江，并有天然水泡和人工开挖的养鱼池。夏秋季雨量充沛，地下水资源丰富，水质良好。地下水温 2 ~ 6℃，矿化度一般 86.6 ~ 894.1 毫克 / 升，总含盐量 97.4 ~ 538.4 毫克 / 升，灌溉系数大于 18，为较好的灌溉水源。

水产资源 外三道沟村境域中俄界河黑龙江干流水深流急，沙砾底，水质清，透明度高，是鲟鱼、鳇鱼等鱼类栖息和繁殖的好场所。自然水域中常见的鱼类有 15 科 64 种，其中有国家二级保护动物 3 种，即细鳞鱼、鲟鱼、鳇鱼。鲟鱼、鳇鱼被列入《濒危野生动植物种国际贸易公约》附录Ⅱ；细鳞鱼、哲罗鱼、黑龙江茴鱼、雷氏七鳃鳗、日本七鳃鳗、乌苏里白鲑、怀头鲇被列入《中国濒危动物鱼类红皮书》；大马哈鱼、江鳕被列入《中国名贵珍稀水生动物》。雷氏七鳃鳗、日本七鳃鳗、黑龙江茴鱼、乌苏里白鲑、江鳕、拟赤梢鱼、黑龙江花鳅为黑龙江水系的特有品种。主要冷水性鱼类有 8 种：哲罗鱼、细鳞鱼、乌苏里白鲑、黑龙江茴鱼、黑斑狗鱼、江鳕、大马哈鱼、拟赤梢鱼。境内自然泡沼经过人工改造，有可养鱼水面 10 公顷，已全部利用。饲养的主要经济鱼类有鲤鱼、鲫鱼、鲢鱼、草鱼等。

野生植物资源 外三道沟村野生植物属长白山植物区系小兴安岭亚区，种类有数百种。林地植物有兴安落叶松、红松、樟子松、白桦、枫桦、蒙古栎、山杨、丛桦、旱柳、杜鹃、沼柳、蓝莓、胡枝子、杜香、苔草、拂子茅等。以小叶樟、草藤杂草为主的

蓝莓（2020 年）

木耳（2020 年）

猴头菇（2006年）

蘑菇（2020年）

蕨菜（2020年）

野生榛子（2020年）

金莲花（2020年）

黄花菜（2020年）

草场由多种中生杂草组成，群落中常见的伴生植物有地榆、野豌豆、蓬子菜、野火球、唐松草、蚊子草、大花马齿苋、狼尾草和三棱草等。村境内药材和山特产品资源较丰富，野生药材有蒲公英、车前子、益母草、大蓟、小蓟、鸭跖草、莨菪、芦根、点地梅及水生的乌菱、浮萍、金鱼藻、黑三棱等100余种。山特产品资源有木耳、榛子、蓝莓、蘑菇、猴头菇、蕨菜、金莲花、黄花菜、橡子等。

野生动物资源 村境内野生动物兽类有野猪、狍子、狐狸、灰鼠、松鼠、野兔、獾、豹猫、蝙蝠等。野生鸟类有花尾榛鸡、太平鸟、环颈雉鸡、山鸽子、喜鹊、鹌鹑、松鸦、乌鸦、翠鸟、鸳鸯、杜鹃、麻雀、黄雀、山雀、燕子、猫头鹰、啄木鸟、野鸭等。野生两栖类动物有林蛙、青蛙、蟾蜍等。

野猪（2021年）

环颈雉鸡（2021年）

太平鸟（2021年）

翠鸟（2021年）

鸳鸯（2021年）

◉ 人口

人口发展 外三道沟村的人口以满族、汉族为主。满族的姓氏有关、宁、赵、富、孟、钱、吴、杨等。据1920年出版的《瑷珲县志》记载：1920年，外三道沟村总户数41户，总人口210人。1945年，外三道沟村共有50户259人。户主分别是：前街的关世忠、关海禄、关锦章、车文广、关贵锁、关世发、孟贵明、关四海、关贵海、李双福、关石锁、关文锦、韩富准。中街的宁铁铃、宁石成、宁铁柱、关万铃、孟贵友、关常铃、赵贵生、罗石成、车文昌、肖宝昌、车文才、王纯宪、张丁子、孟宪忠。后街的宁石坤、罗世环、姜瑞举、李双贵、赵石友、徐庆珍、杨万友、徐昶有、关文才、关文元、关常寿、关富海、赵占友、车文群、车明锁、车文忠、杨春庆、孟宪魁、姜化南、杨纯亮、钱胜元、宁石林、关荣臣。1948年后，迁入外三道沟村的有：徐荣林从黑河迁入，傅万友从长发村迁入，王文涛从大乌斯力村迁入，富平山从大五家子村迁入，吴岱禄、臧文信、臧金秀从外二道沟村迁入，徐振环从外四道沟村迁入。1955年，哈尔滨青年林汉春、韩艳华、李宝柱3人，矫宏亮、于慈荣2户，山东农民乔云常1户落户外三道沟村。1956年来自山东的王世民1户落户外三道沟村。1957年，山东农民孙法斌、朱金柱2户落户外三道沟村。1960年，山东农民刘士山、宋怀超、宋怀学、宋怀池、张士和、许正良6户落户外三道沟生产队。山东籍夏继孔和辽宁农民金宝奎，具体迁入时间不详。

1969—1980年，先后有107名知青到外三道沟生产队插队落户。其中，上海知青63人，黑龙江、辽宁省及黑河知青44人。先后有上海插队干部2人，齐齐哈尔干部多人和调到外三道沟学校、供销社工作的黑河青年2人被安置在外三道沟知青点。上海知青史瑞娟、夏萍分别于1972年和1975年与当地青年关文强、刘怀珍结婚。至1980年年初，他们先后离开外三道沟知青点。

从外三道沟生产队先后迁出的有关石锁、关常友、关常贵、徐永林、关锦章、肖宝昌、关文才、李双福、李双贵、宁铁铃10户。

至2019年年末，全村共有124户461人。

民族 1920年，外三道沟村总人口210人。其中，满族人口127人，占总人口的60.5%；汉族83人，占总人口的39.5%。1945年，外三道沟村共有50户259人。其中满族32户，占总户数的64%；汉族18户，占总户数的36%。

20世纪40年代后因婚嫁增加了达斡尔族和蒙古族；迁入俄罗斯族3人，1952年迁出。知青到外三道沟生产队插队落户期间增加了回族。2019年，全村共有124户461人，有汉族、满族、达斡尔族、蒙古族4个民族。其中，满族51户191人，占总户数的41.13%、总人口的41.43%；汉族73户248人，占总户数的58.87%、总人口的53.80%。另有达斡尔族随户21人，占总人口的4.56%；蒙古族随户1人，占总人口的0.22%。

姓氏 外三道沟村从建村即是满族人的聚集地，多年以来满族人口居多。1920年，全村有满洲瓜尔佳拉姓（关姓）10户，泥玛奇姓（杨姓）6户，宁古塔姓（宁姓）5户，莫尔哲勒姓（孟姓）2户，何业姓（赵姓）1户，那拉姓（钱姓）1户，业和勒姓（慈姓）1户。全村满族共计26户，占全村总户数的63.41%。汉族有：姜姓2户，车姓5户，萧姓1户，张姓1户，徐姓1户，罗姓2户，赵姓1户；客籍吕姓1户，赵姓1户，共15户，占全村总户数的36.59%。

1945年，外三道沟村共有50户，259人。其中，满族32户，占总户数的64%；汉族18户，占总户数的36%。满族姓氏有：满洲瓜尔佳拉姓（关姓）16户（其中1户原系康姓，清末民国初改为关姓），泥玛奇姓（杨姓）3户，宁古塔姓（宁姓）5户，莫尔哲勒姓（孟姓）4户，何业姓（赵姓）3户，那拉姓（钱姓）1户。汉族姓氏有：车姓6户，罗姓2户，姜姓2户，徐姓2户，李姓2户，韩姓、肖姓、王姓、张姓各1户。

自1948年，迁入外三道沟村的有徐、傅、王、富、吴、臧、林、韩、李、矫、于、乔、孙、朱、刘、宋、张、许、金等姓氏村民。1969—1980年，知青到外三道沟生产队插队落户期间，增加了丁、马、毛、勾、尹、艾、卢、田、史、白、仝（回族）、冯、邢、曲、庄、杜、杨（回族）、何、陆、陈、周、居、郝、胡、修、施、祝、秦、顾、黄、曹、龚、盛、鄂、崔、程、焦、裘、虞、蔡、翟、黎、滕、薄等姓氏。

至2019年，外三道沟村共有30个户主姓氏。其中，10个满族姓氏，20个汉族姓氏。

2019 年外三道沟村人口民族姓氏一览表

表 3

民族	姓氏	户数（户）	人数（人）	民族	姓氏	户数（户）	人数（人）
汉族（20 个姓氏）	车	13	54	满族（10 个姓氏）	关	18	69
	宋	8	28		宁	8	34
	王	8	22		杨	8	23
	刘	8	25		富	5	19
	徐	8	23		吴	3	12
	孙	6	18		孟	2	8
	缪	3	7		钱	2	7
	范	3	9		赵	2	10
	张	2	9		傅	2	8
	乔	2	6		陶	1	1
	于	2	4	小计	—	51	191
	肖	2	10	达斡尔族（6 个姓氏）	乔	1	3
	罗	1	6		关	1	1
	李	1	6		于	1	4
	朱	1	6		范	1	2
	韩	1	5		王	1	4
	崔	1	4		杨	3	7
	段	1	3	小计	—	8	21
	宫	1	2	蒙古族（1 个姓氏）	杨	1	1
	庆	1	1	小计	—	1	1
小计	—	73	248	总计	—	124	461

说明：汉族、满族为户主，达斡尔族、蒙古族为随户人口，总计中户数不重复计算

◉ 村域经济

种植业

种植规模 解放初，外三道沟村有耕地 3690 亩，多数都掌握在几户富农和富裕中农手中。1948 年，在黑河及瑷珲县民主政权领导下，外三道沟村进行了土地改革，村民分到了土地。平均每户获得土地 70 亩，人均耕地 14 亩。这一时期，粮食单产、总产均较低。随着生产的发展和人口的增加，周边荒地得到不断开垦。

1958 年，全村有耕地 5300 亩。其中，小麦种植 2410 亩，亩产 34 千克，总产 80.74 吨；玉米种植 470 亩，亩产 77.5 千克，总产 36.43 吨；谷子种植 410 亩，亩产 32 千克，总产 13.12 吨；大豆种植 1820 亩，亩产 36.5 千克，总产 66.43 吨；社员自留地 190 亩。

1968 年，全村有耕地 5900 亩。其中，小麦种植 2310 亩，亩产 80.5 千克，总产 185.96 吨；玉米种植 600 亩，亩产 167.5 千克，总产 100.5 吨；水稻种植 675 亩，亩产 295 千克，总产 199.13 吨；谷子种植 340 亩，亩产 64.5 千克，总产 21.93 吨；大豆种植 1765 亩，亩产 68 千克，总产 120.02 吨；社员自留地 210 亩。

小麦秋收（2004 年）

1975年，全村有耕地6414亩，集体播种面积6167亩。其中，大豆种植2340亩，亩产96千克，总产224.64吨；小麦、玉米等谷物种植3827亩，平均亩产108.5千克，总产415.23吨；社员自留地247亩。

1980年，全村耕地达到10935亩，集体播种面积9000亩。其中，大豆种植2250亩，亩产103千克，总产231.75吨；小麦、玉米等谷物种植6750亩，平均亩产116千克，总产783吨；社员自留地1935亩。

1988年，全村有耕地12150亩。其中，小麦种植6790亩，亩产210千克，总产14259吨；玉米种植345亩，亩产243.5千克，总产84吨；大豆种植4755亩，亩产130千克，总产618.15吨；其他作物种植260亩。

1999年，全村有耕地13260亩。其中，小麦种植5740亩，亩产213千克，总产1222.62吨；玉米种植190亩，亩产295千克，总产56.05吨；大豆种植7050亩，亩产134千克，总产944.7吨；其他作物种植280亩。

2008年，全村有耕地13350亩。其中，玉米种植285亩，亩产305千克，总产86.93吨；大豆种植12575亩，亩产135.5千克，总产1703.91吨；其他作物种植490亩。

2019年，全村有耕地14900亩。其中，玉米种植2460.02亩，亩产466.5千克，总

玉米地（2020年）

大豆秋收（2020 年）

产 1147.59 吨；大豆种植 12079.98 亩，亩产 166.5 千克，总产 2011.31 吨；其他作物种植 360 亩。

作物品种 种植品种以玉米、小麦、大豆为主，谷物、薯类、蔬菜和经济作物为辅。20 世纪 60 年代初开始种植水稻。70 年代至 90 年代以小麦、大豆为主。2000 年后小麦种植面积逐年缩小，以大豆种植为主，同时种植西瓜、白瓜子等经济作物。2012—2019 年，作物种植以玉米、大豆为主，逐步扩大了西瓜、菇茑、白瓜子及杂粮的种植面积。

种植技术 集体经营时期，十分重视农家肥的使用，生产队有积肥组，利用牲畜粪便进行积肥。冬闲季节刨粪、刨泡子泥，进行土壤改良，以提高土壤肥力，由于对化肥缺乏科学认识和正确的使用方法，基本不使用或很少使用化肥。1969 年，在知青的引导下开始使用化肥。1970 年夏，大队成立科学种田小组，外三道沟生产队拨出一块地作为科学试验田。按照知青黄心民的建议把进口复合肥用在小麦地里，把氮肥用在玉米地里，玉米出苗追肥时合理使用化肥，避免烧坏秧苗。当年秋天，小麦、玉米获得丰收。

此后，生产队逐年扩大化肥的使用面积。面对种子退化问题，科学种田小组开始自行培育良种。1971 年，黄心民从上海引进大粒小麦种，同时把南方的大粒麦种和农科所培育的良种分别种在试验田里，并进行了人工授粉。经过科学种田小组两年的精心培育，终于筛选出适宜当地种植的小麦良种，逐步运用到大田。试验田培育了玉米等良种，因杂交玉米产量高，进行了玉米杂交试验，获得成功。

1974 年，生产队开始引进适应性强、产量高、品质好、抗病虫害的优良种子，不断改进栽培方法，推广深松、镇压、垄三栽培等新技术。1987 年，土地承包到户后，各家各户更加注重新品种、新技术的应用和化肥、农药的科学合理施用。

农业机械化 民国时期到解放初期，村民种地主要是依靠马、牛拉木犁翻地，播种用手点播或漫撒，用马拉钉齿耙耙地，用捞子覆土盖籽，木头磙子镇压，收割时用俄式钐刀和小镰刀，脱粒时把庄稼拉到场院，等到冬天在冻土场院用马拉石头磙子碾压脱粒，待有风天气时人工扬场。原始的生产方式效率低下。新中国成立后，从苏联集体农庄逐步引进翻地用的戈足犁（单铧犁）、三巴辽兹（双轮双铧犁），收割用的大摆手（摇臂收割机）、沙巴鸭轧压押子（自捆式割地机），脱谷用的别拉沃兹（畜力原动机）和马神箱子，以及圆盘耙、钉齿耙、播种机等半机械化农具用于农业生产，提高了生产效率。1960 年村里通电后，电力带动脱谷机用于小麦、大豆的脱粒。同年生产队仿造了 1 台清粒机，用于小麦颗粒清理，干净而快捷。后来又陆续购买了米面加工设备，结束了马拉石头碾子和石磨磨米磨面的时代。1954 年，瑷珲县试办农业机械化，农业机械由县农业机械站管理，下设公社直属机耕队，生产队的耕地都由公社直属机耕队代耕。从 1969 年初开始，爱辉县农业机械站的拖拉机、农机具分期分批卖给社队经营。社队办机

勇胜农机合作社（2014 年）

械化主要靠集体力量，农业机械为大队所有、大队管理，或大队所有、小队管理使用，但机械数量少，远不能满足生产需要。

1972 年，外三道沟生产队购买第一台新型东方红—75 型拖拉机，1974 年又购进两台。当年，根据中共黑龙江省委知青办、黑龙江省农业机械局下达的《关于分配上海市支援我省拖拉机的通知》（龙知发〔1974〕56 号），外三道沟大队得到上海支援的手扶拖拉机 1 台，大型拖拉机丰收—35 型 1 台。1975 年购买 1 台东风牌自走式联合收割机。生产队在大办农业机械化中尝到了“甜头”，大量购买农业机械，农业机械化发展很快。到 1983 年，外三道沟生产大队有链轨拖拉机 8 台、轮式拖拉机 6 台、联合收割机 8 台，有美国生产的“约翰迪尔”收割机 1 台、割晒机 3 台、拾禾器 2 台、播种机 4 台、四铧犁 2 台、七铧犁 3 台、开沟筑埂犁 1 台、重耙 3 台、轻耙 15 台、镇压器 2 台、疏苗机 1 台、还田机 3 台、前悬挂机 1 台，武汉生产的东风牌汽车 2 台，沈阳产轿货汽车 1 台。主要作业项目的机械化程度为翻整地 100%，播种 93%，中耕 95%，收获 87%，运输 67%。20 世纪 80 年代中期，随着家庭联产承包责任制的实行，农业机械出现了集体、个体两种所有制和多层次、多样化的经营方式，后逐步转化为个体所有。

进入 21 世纪，国家实施农机购置补贴政策，随着补贴力度的不断加大，农民从国家的惠农政策中得到了越来越多的实惠，外三道沟村农业机械化的发展也以此为契机走上了快车道。利用国家对大型农机具和农用运输车辆购置的补贴政策，大多数村民家中购置小型成套的农机具，部分村民购置了大型农机具。2012 年，外三道沟村成立了勇胜农机合作社，购置的大型农机具有美国凯斯 210 拖拉机、迪尔 1654 拖拉机、明斯克 230 拖拉机各 2 台，凯斯 6130 收割机、迪尔 210 拖拉机各 1 台，马斯其奥播种机 4 台，联合整地机 2 台，中耕机 2 台，重型缺口耙 1 台，大型轻耙 2 台，大犁 3 台，旋耕机 2 台，镇压器 1 台套，装载机 1 台，皮卡车 1 台，卫星定位导航设备 1 台套，烘干塔 1 座。综合机械化水平不断提高。到 2014 年勇胜农机合作社成为爱辉区首家省级现代农机合作社，全村农业田间综合机械化程度达到 97%，实现统种统收规模化种植。

畜牧养殖业 土地改革后，农户分得了土地，需要畜力耕作，推动了牲畜养殖的发展。在其后的初级、高级合作社时期，大牲畜全部作价入股。生产队时期大牲畜由集体统一饲养，仅允许社员养殖猪、鸡、鸭、鹅等畜禽。1968 年，生产大队成立畜牧队，养殖马、牛、猪、羊。1969 年，开始养蜂。1972 年，生猪存栏达到 140 头；马 130 匹，其中役马 50 匹；牛 50 头，其中役牛 10 头；羊 200 只。1973 年，在西山建鹿场，养殖

奶牛养殖（2021 年）

蜂箱（2021 年）

溜达鸡（2021 年）

大白鹅（2014 年）

马鹿和梅花鹿共计 38 只，养蜂 50 箱。夏季马、牛、羊也到鹿场放牧，形成“猪马牛羊鹿、蜂禽鱼儿兔”的发展格局，增加了集体收入。生产大队成立畜牧站，培养 2 名畜牧技术人员，担负全村畜禽治病和防疫工作。为了改进马的品种，大队从龙镇农场、襄河农场引进优良种马，几年后马群品质大有提高，尤其是役马身强、腿壮、膘肥、有力，附近各村纷纷到村买马，共售出马匹 40 余匹，收入 8 万余元。合作社用卖马的收入购买了拖拉机等农机具，开垦荒地，扩大了种植面积，增加了农业收入。截至1978年，集体养殖生猪存栏650余头；马近160匹，其中役马50匹；牛70余头，其中役牛15头；羊200余只，鹿38只，蜂58箱，禽3000余只。1987年年初，实行家庭联产承包责任制，生产队的大牲畜被作价平分给农户。此后，随着农业机械化程度的不断提高，马作为生产工具的时代成为历史，马匹数量越来越少，直至淘汰。20世纪90年代初始有养殖专业户出现，合伙养牛户1户，养牛50余头；养蜂户1户，养蜂十几箱。到2019年，全村有养牛专业户2户，养牛40余头；养羊专业户3家，养羊400余只。

捕捞业 村民素有在黑龙江上捕鱼进行副业生产的习惯。村民从事渔业生产，既以食鱼补充粮食之不足，又增加了个人收入。捕鱼的工具有大拉网、挂网、趟网、旋网等。还有多种钩类，比较特殊的有钓鲤鱼的钝钩，钩挂大马哈鱼的滚钩等。1972年，生产队在黑龙江边设立捕鱼房，把大拉网改进为趟网后，捕鱼量迅速增加，收获颇丰。

20世纪70年代中期，生产队有二三十条威呼（小木船），还自主制造了4艘机动渔船。1987年，外三道沟村实行家庭联产承包责任制后，渔具分到农户自主经营，村民主

村民在黑龙江捕鱼（2012年）

要使用趟网和挂网捕鱼。至 90 年代初，全村有 10 多艘机动渔船，约 20 条威呼，30 多户村民把张网捕鱼作为主业。2005 年起黑龙江省实行限额捕捞制度，全村有 5 户村民申领“渔业捕捞许可证”，1 户村民承包村鱼塘养鱼，捕鱼已不作为村民主业。至 2019 年，全村仍有 5 条机动渔船，村鱼塘对外承包经营。

运输业 20 世纪 50 年代到至 80 年代中期，运输是主要副业，到黑河及外地跑长短途运输，如运粮食、木材、建筑材料、煤炭等。生产大队在黑河设立了大车店，为运输车辆和人员服务。生产大队购买了 2 台东风牌 140 汽车，扩大了运输范围，增加了集体收益。1987 年，外三道沟村实行家庭联产承包责任制后，汽车承包给村民经营，村集体收取承包费。20 世纪 80 年代末，汽车拍卖给村民自主经营。90 年代后，随着黑河公路运输的发展，村民个体运输业户逐渐退出运输业经营。

加工业 进入 20 世纪 60 年代，生产队相继开办铁匠铺、木匠铺和制酒、粮米加工等作坊。1975 年生产队建起粉坊加工粉条出售，新建长 16 米、宽 8 米板夹锯末的加工车间，最好时期一天能生产 250 千克粉条，为生产队创造了较好的经济效益。1976 年，社会上红砖需求量较大，生产队从山东请来烧砖师傅，建起砖厂烧砖。既满足了本村群众建砖房的需要，又为集体创造了经济效益。这些项目在实行家庭联产承包责任制后相继倒闭。

◉ 乡村建设

民居 20 世纪 60 年代之前，外三道沟村大部分居民住房都是草泥“拉哈”墙、草房盖，每户住房一般为 2 间，约 50 平方米；人口多的人家 3 间，约 80 平方米。室内格局为进门即厨房（俗称外屋），里屋为卧室兼客厅，多为满族特色的南、西、北炕，俗称圈炕，屋内为土地。门窗为木制，里屋多为玻璃窗，外屋的小窗和门上部多是用窗户纸糊的窗户，室内昏暗。1970 年后，村民开始翻盖新房，房屋室内格局发生较大变化，里外屋均为玻璃窗，建有取暖的火墙，但仍是“杆儿夹泥”墙、油毡纸房盖的土房。80 年代初，生产队以每块砖 1 ～ 2 分钱的价格提供给社员，鼓励社员建砖瓦结构住宅，至 1990 年全村实现了住房砖瓦化，人均住宅面积 26.8 平方米。2010 年，政府免费为全村农户更换了铁皮房盖，每平方米补助 100 元更换铝合金钢窗，并粉刷了墙壁。大多数农户安装了自家烧火的土暖气，部分农户建有室内卫生间。2019 年，全村 124 户人家全

新民居大院（2020 年）

新民居一角（2019 年）

部为砖瓦结构住房，均为独门独院，每户住宅面积为 50 ～ 100 平方米，人均居住面积 28 平方米，并且全部使用室内抽水马桶。外三道沟村的民居建设突出北方满族乡村的独特风格，也为发展民俗旅游业，打造和推介“北疆知青第一村”旅游文化品牌奠定了基础。

公用房 1949 年，利用伪满时期原警察队的旧房改建村供销社。1950 年，新建村委会办公用房。20 世纪 60 年代相继兴建了机车库、工具库、粮米加工等生产用房。1962 年，建了村卫生所。之后，随着人口增多，先后建成大队部、学校、供销社、卫生所、畜牧站等公用设施。1968 年，新建了砖瓦结构的学校。1969 年、1970 年，新建了两排知青集体宿舍。1975 年，新建了 200 余平方米砖瓦结构的供销社。1976 年，新建了砖瓦结构的文化俱乐部。2009 年，文化俱乐部改建为文化活动中心。

村容村貌 外三道沟村建村以来，逐步形成东西 4 条街、南北 2 条路的格局，但弯曲不直。住房布局分散，家家房前都有小院，院内有仓房、牛马棚、猪圈、柴草垛等，占地面积较大。70 年代中期新建 2 条街道，对原街道取直加宽，形成东西 6 条主街、南北 4 条路的格局。外三道沟村每年都对道路进行修缮，路面铺砂石，清挖排水沟，在街道两旁植树。

2007 年，全村 4000 米的砂石路全部升级改造成为水泥路面。中央街被命名为知青街（长 438 米）。知青街以北依次为民兵街（长 463 米）、青年街（长 458 米）、开发街

知青路（2021 年）

富裕路（2020 年）

（长 150 米）；知青街以南为三八街（长 300 米）、创业街、民主街、友爱街、团结街、和谐街。南北向街道从东往西依次为富强路、富裕路、富民路、富鑫路。2009 年，以政府每米补助 50 元、村民自付 40 元的方式，全村更换铁栅栏 7000 延长米。

2010 年，修建水泥排水沟 4200 米，增添绿地、建设花坛 1.9 万平方米，村内各街道摆放垃圾箱 15 个，安装 50 余盏太阳能节能路灯，全村街道面貌焕然一新。同时，结合本村街道命名，全村住户按院落全部安装门牌，从村东南起始至东北，共计 129 号，结束了建村以来街路无名、住房无门牌的历史。2013 年，为凸显知青文化特色，在村口建造了具有历史文化元素、南北不同风格的景观大门，南门楼为上海特色的石库门，北门楼为北方特色的木刻楞门，南北呼应，体现出浓厚的知青文化和地方民俗文化的有机融合。村入口中央，横卧一巨石，上面刻有著名作家阎肃题写的“外三道沟村”村名。2016 年 9 月，建成黑龙江省作家协会瑷珲创作基地。

饮水改良 外三道沟村形成村落初期，村民生活饮用水是黑龙江水。后来村民陆续自发打了 7 眼大口水井，开始饮用井水。1996 年，为改善饮用水条件，在政府部门的支持下，村民自筹 17.5 万元，打了一眼 120 米的深水井，安装自来水管道 6632 延长米，修建了压力罐，利用水泵抽水，全村住户用上了自来水，但水质一般。2005 年，以国家投资为主、村民自筹 1 万元，打了 1 眼深水井，保障了全村用水。

护岸护坡 外三道沟村坐落在黑龙江右岸，虽地势较高，但每遇大雨，江水上涨，江岸冲刷造成水土流失。当地居民采取禁止江岸开采、实施植树造林等措施，使外三道沟村江岸得到有效保护。2015 年，国家投资修建外三道沟村江岸江堤，全长 3000 米，砌石护岸，岸顶有水泥路面，混凝土踏步 5 处，当年竣工。

黑龙江江岸江堤（2021 年）

截流排涝　外三道沟村地势西高东低，绝大多数农田都在村西侧，夏秋两季雨水较大，极易形成涝灾。2000 年夏，为截住雨水，外三道沟村投入十几万元，历时 1 个月时间开挖 2 条总长 4800 米、宽 2 米、深 0.8 米的截流排涝沟，横向截住了雨水，将水向南引入麻地沟汇入黑龙江，向北引入四道沟流入黑龙江，有效保护耕地 760 公顷，保障了村民财产安全。

污水处理及厕所改造　为有效改善村民的生产生活条件，2015 年以来先后投资 500 万元，在外三道沟村建成了大连以北首个村级污水处理站。处理站占地面积 320 平方米、建筑面积 51 平方米，铺设管线总计 6381 米、日处理能力 50 吨，平均每天运行费用 93.5 元。污水处理站采用新型膜生物反应器工艺——兼氧 FMBR 处理工艺，完全做到“固液分离”，处理后排放标准达到国家一级 A 标准。处理后的干物质用于生产还田、液体排放界江，取得了较好的环境效益、社会效益。污水处理站以外三道沟村为中心，辐射带动 4 个村屯、1402 名农村群众的日常生产生活污水处理，满足了村屯平均每人每天 35 升的用水需求。2018 年，采取“室内厕所 + 管网 + 村级污水处理厂”的模式，对 109 户进行室内厕所改造，实现厕所革命“整村推进”。改造后的室内卫生间面积不低于 1.8 平方米，每户享受省级补贴 4000 元，改造费用缺额部分由农户自筹，改厕模式为舒适型。至 2019 年年底，全村实现室内厕所和污水统一处理排放。室内卫生间改造完

垃圾转运站（2020 年）

成后，群众日常生产生活产生的废水通过管网直接运送至污水处理站，由污水处理站进行统一无害化处理后进行排放或回用。

外三道沟村“十星级文明户”标牌（2020 年）

文明村创建 二十世纪五六十年代，开展了以除“四害”为主要内容的新农村建设活动，80 年代开展以“五讲四美三热爱”评比为内容的“五好家庭”创建活动，全村评出五好家庭 60 户。1984 年，外三道沟村被评选为区级文明村。1986 年，外三道沟村被评选为区级文明村标兵。90 年代，开展以“十星级文明户”评比为主要内容的文明村建设活动，全村 124 户家庭均被评为“十星级文明户”。1993 年，外三道沟村跨入黑河市文明村行列。进入 21 世纪，文明村建设以环境建设为突破口，开展村容村貌治理活动。对全村的街道、杖墙、边沟进行修整，种植花草。在争创文明村建设活动中，突出特色，将“知青”元素融入文明村建设之中，使外三道沟村实现了经济、知青文化和生态环境保护同步协调发展。2003 年 7 月 1 日，获爱辉区 2002 年度“五个好”建设先进村党支部称号。2004 年 6 月 30 日，获爱辉区 2003 年度开展

村貌（2019 年）

“三个代表”责任区活动先进基层党支部称号。2005年7月1日，获爱辉区2004年度“五个好”建设先进村党组织称号。2006年，获黑河市“四五”普法依法治理工作先进集体和关心下一代工作先进集体称号。2009年，获省级巾帼环境文明建设示范村称号。2010年，获黑河市三年（2008—2010年）造林绿化会战先进集体称号，黑河市人口和计划生育工作先进集体称号，省级生态村称号，被共青团黑河市委员会评为全市五四团支部。2011年，获全省新农村建设三星级示范村称号，全国妇联基层组织建设示范村称号。2012年，获黑龙江省创业创新创优活动先进基层党组织称号，黑河市农村社区建设先进村称号，被省新农村建设领导小组办公室评为全省新农村建设四星级示范村。2013年，获黑龙江省新农村建设五星级示范村称号。2015年，获黑龙江省十佳和谐村屯称号。2016年，获黑龙江省先进基层党组织荣誉称号。2017年，获黑龙江省文明村标兵称号。

◉ 村政组织

解放初村农会和妇女建国会 1947年8月，在瑷珲县瑷珲区民主政权的领导下，外三道沟屯成立农会和妇女建国会。全屯大部分农户加入农会，选举杨纯亮为农会主席。全村17～45岁的劳动妇女绝大多数都参加妇女建国会，选举姜桂清为妇女建国会主任。农会和妇女建国会组织村民及妇女站岗放哨、盘查可疑人员、参加劳动、做军鞋、支援前线，为东北解放做出应有贡献。同年，为防止土匪骚扰，外三道沟屯成立自卫队，有30余名青壮年参加。

村党支部 在1948年的土地改革中，中国共产党黑河地委和瑷珲县工委在农村基层公开建党，外三道沟屯姜化南（33岁）、杨纯亮（35岁）、关文才（32岁）、罗石成（33岁）、赵占友（35岁）、姜桂清（女、31岁）、关文秀（30岁）7名村民第一批加入中国共产党。是年，中共瑷珲县工委派干部将外三道沟屯与外二道沟屯、外四道沟屯党员组建成中共外三道沟村党支部，党支部书记姜化南（1948—1956年），组织委员杨纯亮，宣传委员关文才。继姜化南后，党支部书记为关文才（1957—1958年）。1958年成立爱辉人民公社，成立包括外二道沟屯、外四道沟屯在内的外三道沟生产大队，亦称新生生产大队，党支部称外三道沟生产大队党支部，也称新生生产大队党支部，历任党支部书记张国志（1958—1960年）、王树林（1960—1966年）、林汉春（1967—1968年）、王树林（1969—1975年）、林汉春（1976—1977年）。1977年11月，取消原生产大队，

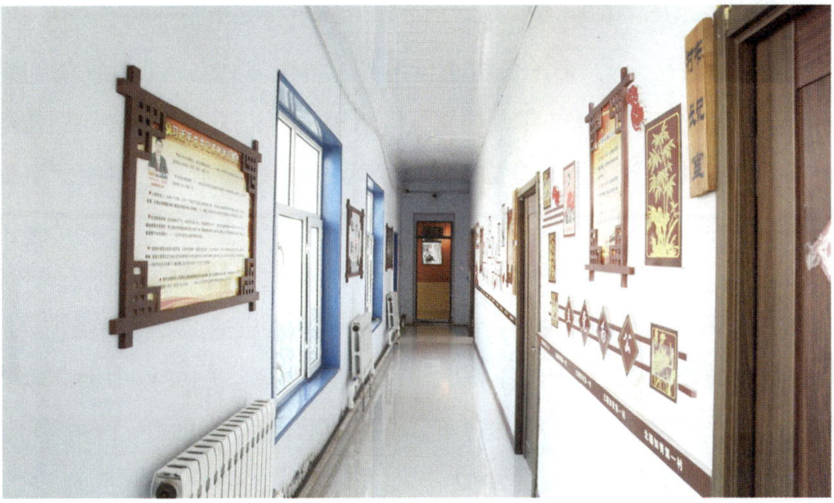

村民委员会走廊展板（2021 年）

村民委员会会议室（2021 年）

建立以外三道沟自然屯为单位的党支部，党支部书记车福元（1977—1984 年）。1984 年 5 月，取消村队合一体制，恢复行政村体制，大队党支部改称为外三道沟村党支部，历任党支部书记车福元（1984—1988 年）、关文江（1989—1990 年）、富胜福（1990—1993 年）、关战胜（1994—1995 年）、富胜福（1996—1998 年）、王志强（1999—2017 年）、杨永（2017—2019 年）。2019 年 9 月，外三道沟村党支部设书记（兼村委会主任）1 人，委员 2 人。有党员 20 人，其中少数民族党员 14 人，占党员总数的 70%，党支部书记杨帅（2019 年至今）。

村民委员会 1948年，外三道沟屯与外二道沟屯、外四道沟屯组成外三道沟村，设立外三道沟村公所，第一任村长杨纯亮（1948—1955年）。继杨纯亮后，村长关文才（1955—1958年）。1958年，成立爱辉人民公社，成立包括外二道沟屯、外四道沟屯在内的外三道沟生产大队，亦称新生生产大队。历任大队长杨纯亮（1958—1966年）、郭佩深（1966—1967年）、车福元（1968—1977年）。1977年11月，取消原生产大队，建立以外三道沟自然屯为单位的生产大队，大队长刘万金（1977—1984年）。1984年5月取消村队合一体制，恢复行政村体制，成立外三道沟村村民委员会。村民委员会设村长1人，会计1人，妇女主任1人。历任村长刘万金（1984—1990年）、关占胜（1991—1993年）、王宝玉（1994—1995年）、关占胜（代）（1995—1996年）、王志利（1996—1999年）、缪成福（2000—2002年）、车福国（2003—2008年）、王宝巨（2009—2014年）、杨帅（2015年至今）。

村民委员会（2020年）

满族栖聚

外三道沟满族先民主要为抗俄士兵。雅克萨之战胜利后，满族抗俄士兵屯田于黑龙江两岸，后裔兴旺，后有汉族人陆续迁入，至今满族人口仍占多数，在生活起居、衣着服饰、饮食偏好、婚嫁丧葬、礼仪习俗、时令节庆等方面，形成了独具特色的民风民俗。2003年，黑龙江省民委确认外三道沟村为满族村。

◉ 溯源

族源族称 满族在上古时代称肃慎，是东北地区最古老的民族之一，他们生活在长白山以北，东濒大海以及黑龙江和乌苏里江流域的广大地区。肃慎人以狩猎游牧为主业，擅骑射，性勇猛。战国以后，肃慎人改称挹娄，有时仍沿用旧称。南北朝时，肃慎、挹娄的后裔改称勿吉，勿吉是北魏时东北地区最强大的民族。隋唐时期，勿吉又称靺鞨，唐代靺鞨人曾建立渤海国，为唐地方民族政权。自五代起，靺鞨改称女真，在黑龙江省阿城一带建立金朝。此后，女真这一称呼代替了靺鞨，一直沿用到明朝。明朝初年，东北的建州女真逐渐强大起来。后金天命元年（1616）建州女真首领努尔哈赤统一女真各部建立后金政权。天聪九年（1635）其子皇太极改女真称号，定族名为“满洲”，满语为吉祥之意。自此，一个以“满洲”命名的民族出现在中华民族的大家庭中。

满族旗屯 满洲人入主中原后，黑龙江流域成边武装空虚。17 世纪中叶，沙俄乘机武装入侵。清康熙二十二年（1683）清政府派萨布素、瓦礼祜领兵前往瑷珲。为抵御沙俄的侵略，清政府提出“建城永戍”的方针，任命萨布素为黑龙江将军，领兵永驻瑷珲。此后，清政府组织了两次以瑷珲为前线指挥部和基地的雅克萨之战。雅克萨之战胜利后，黑龙江将军衙门移驻墨尔根（嫩江），从征官兵一部分随将军衙门移驻墨尔根，一部分返回瑷珲。清兵驻扎瑷珲后，开始在当地屯田，仅康熙二十四年（1685）盛京官兵就在黑龙江垦地 1500 公顷。清政府在瑷珲设置了驻防八旗。清政府为了长期防御沙俄武装入侵，把土地分给驻防的八旗官兵及其家属作为份地，称为旗地。驻防八旗官兵由此建立起来的村屯叫作旗屯。这些旗屯有的在江左，有的在江右。在江左，至光绪二十六年（1900）发展到 60 余个村屯，俗称江东六十四屯地区。在江右，相继建立黄旗屯、蓝旗屯、红旗营子、蓝旗沟、大五家子、四季屯、霍尔漠津、二道沟、三道沟、四道沟、五道沟、卡伦山、小乌斯力、大乌斯力、四家子、长发屯等旗屯。

八旗官兵平时生产，战时出征。每年二月、八月各 40 天集结于瑷珲城进行操练，其余时间散归务农。八旗官兵外出要请假，擅离驻地百里以外为逃。在他们从征或者训练之际，农事由他们的子弟来承担。旗人凡满 16 岁的男子经挑选合格者为壮丁。八旗官兵除食俸外，份地收入归为己有，不纳粮。在旗因年龄小或者其他原因没有被挑选为壮丁的叫旗丁，又称西丹。他们同八旗官兵一样也有份地，同样不纳粮。旗屯人多为满族，原来不是满族的也都加入了旗籍。

外三道沟屯随着清政府屯田戍边政策而建立。据外三道沟村《关氏族谱》记载，瑷珲县一带的满族多数是康熙年间清政府为抗御沙俄对中国边疆的侵犯，从宁古塔、吉林乌拉、盛京等地征调来的驻军官兵后裔。满族姓氏，清末改为汉字姓氏，多数以谐音取姓，如关氏满族姓为瓜尔佳拉氏。在黑河一带，满族关氏有几支，有佛（旧）、伊彻（新）之分，外三道沟村的这支系佛满洲，关氏是正黄旗。外三道沟村富氏满族姓为富察氏，据其族谱记载，祖先托雍额系正黄旗二佐，随萨布素将军到黑龙江屯垦永戍。

◉ 习俗

住宅 外三道沟村的满族住宅以独门独院或四合院为主，庭院比较宽敞，院周围用木栅栏，或用砖、土砌成围墙，院内有正房、厢房。庭院中有影壁墙，影壁后竖立索罗杆（神杆）。正房有三间或四间，是住人的地方，东、西厢房有的住人，有的作仓房。房顶大多是草苫的，由于受俄罗斯民居样式的影响，有的房顶用薄木板，俗称“扦子板”，经济条件好的则用铁瓦盖，房屋的墙壁多数是草泥拉哈墙或板夹泥墙，有的墙用土坯砌成。正房中间开门，房屋南、西有宽大的窗户，多为木棂窗，外面糊纸，解放

新民居（2020 年）

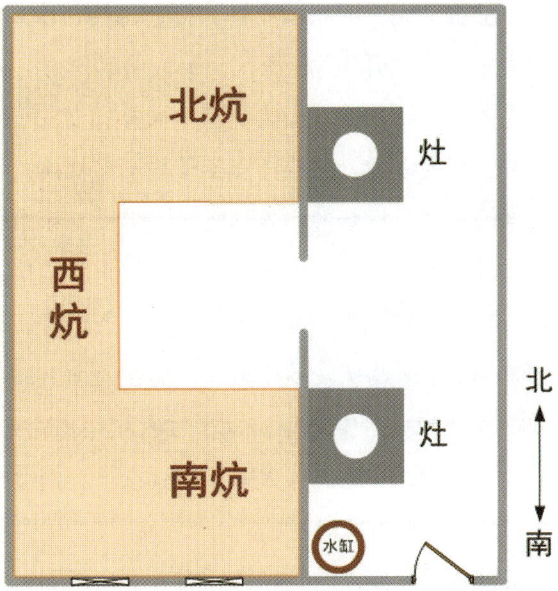

满族三面炕示意图

后，大部分改为玻璃窗户。室内一般分为上屋、下屋，西屋为上、东屋为下。住人的屋一般南、北、西三面是炕，西炕为贵，北炕为大，南炕为小。西炕墙上是供祖宗龛的地方，女人或穿戴狗皮衣帽者，禁止坐西炕，来客可以坐西炕。家中长辈多住北炕，小辈多住南炕。有的人家西炕和北炕间有一个小屋，叫“地照”，是为老人起居而设置的小套屋。炕上一般铺的是由芦苇编成的炕席，后改为糊牛皮纸刷油，到20世纪80年代初，改为铺多种花纹图案的人造革。室内以火炕和泥烧制成的火盆取暖，后又增加火墙取暖。室内陈设一般都是大柜子，上面放叠好的被褥，柜里装衣服；小柜子上摆座钟及茶具等。室内地面多数是土地，每天都要洒扫数次，保持干净。大户人家用木板制作地板，刷上油漆，平滑光亮。这种房屋到90年代基本没有了，家家都住上了砖房，屋内装修精致，有电视、电脑等各种家用电器。

饮食　满族人的传统主食有小米、黄米、玉米、糜子米（黍）、荞麦面。他们喜欢吃小米干饭、黄米干饭和黄面饽饽（包豆馅的黄面团子），用荞麦面、玉米面做成发糕或大饼子。白面用来蒸馒头、烙饼、切面条，饺子称为“哎即格饽”。食用油有豆油、苏子油和猪油。蔬菜有白菜、土豆、萝卜、胡萝卜、韭菜、黄瓜、南瓜、豆角、茄子、角瓜、辣椒等。冬季用菜窖储藏白菜、土豆、萝卜等，还常食酸菜、干菜、冻白菜、萝卜干等。肉食主要是猪肉及鸡、鸭、鹅肉和鱼。

服饰 满族的衣服有袍、衫、马褂、坎肩、皮袄等多种。无论男女均喜欢穿长袍，女人服装带“开气”、绣花，男人服装圆领、对襟，也有左开襟的，不带“开气”，一般为黑、蓝、灰色。女人更喜欢长袍镶花边，俗称“绦子”。男人在劳动时，也穿短衣短裤。清代以前，满族男女冬季均不穿棉裤，女人一般不出门，穿夹裤，外套旗袍；男人出门劳动时穿套裤，外套皮袄。男女都穿布鞋，女鞋绣有花纹，鞋有布底的，也有木底的。男人冬天穿牛皮靰鞡，里面絮有靰鞡草。也有的像鄂伦春族人一样，穿狍皮做的“其卡米”“温得”。清代，男人梳一条辫子，也有梳两条辫子的，新媳妇均梳两把头，已婚妇女平时将头发梳成偏髻，盘在头顶上插金银头饰。男人冬天戴耳扇子皮帽，夏天戴帽头或光头。中老年妇女平时喜欢用白布或白毛巾包头。男人平时系腰带，佩戴烟荷包、烟袋，有的还挂火镰石和耳挖子。妇女平时佩戴烟荷包、手帕，用荷包给长者装烟，用手帕擦烟嘴。

婚嫁 满族人的婚姻，凭媒人说合，男女双方达成协议后，男方父母领着儿子到女方家拜见女方父母及长辈，叫“认亲”。认亲后选定吉日，媒人领着男方父母、儿子到女方家，携带金银首饰、布匹、衣服、猪肉、烧酒、钱等，女方设宴招待男方，姑爷叩拜女方父母长辈，这叫“定亲”，或称“端盅”。结婚前一天，女方要往男方家送梳妆匣子，叫“送嫁妆”。结婚前男方家要准备一些家具如大柜子（装衣被），小柜子（摆座钟、茶具等），两个红箱子，两个小红盒子，一个帽盒，一根幔杆。结婚时，男方备喜车或花轿，新郎骑马披红，娶亲随去的有娶亲奶奶，打灯笼的，炮搭，吹鼓手，赶车若干人（去时单数回来时双数）陪同。喜车要蒙上红毯子，到女方家后，有“要包”仪式。喜车停在指定位置上，新郎进屋后，要向女方祖位磕头。新娘穿大红袄，系红腰带，蒙着红盖头，由女方叔叔或哥哥抱上车。喜车如在路上遇到井，要用红毯子挡住井。两辆喜车相遇，两个新郎要摔跤比试输赢。喜车进男方院时，燃放鞭炮。新郎新娘拜天地，铺红毯进屋，跨马鞍子，用秤杆挑盖头。进屋后新娘坐财坐福（坐在炕上不动）。晚间洞房内摆上小桌，桌上放着用红线拴着的两个酒壶，新郎新娘由一男一女陪同，围桌子左转三圈，右转三圈，然后喝交杯酒。这时窗外有人向窗上撒五谷杂粮，同时有唱喜歌的，叫拉空吉。晚间要闹洞房，欢声笑语，热热闹闹。洞房由儿女双全、年岁较长的女人铺床。被子里放红枣、栗子、筷子，叫“早立子”，新郎新娘要吃 100 个饺子，寓意白头到老，然后将新人推上炕。结婚当天和第二天招待客人，满席一般是“八碟八碗”。第三天新人双双回娘家，称作“回门”，饭后赶在天黑之前到家。一个月后，新媳妇要回娘家，住一个月，叫“住对月”。

新中国成立后，新事新办，满族村民结婚过程中繁文缛节逐渐减少。改革开放后结婚多为自由恋爱，不用媒人，结婚一般都选在节假日或双号日子，去喜车接亲，男方要带点心、酒、肉、糖果 4 样东西，带的肉叫离娘肉。接亲车从女方家出来，沿路向里拐弯，意思是新娘要与娘家保持一心。男女双方都要装上一瓶水洒一路，叫“常流水”。男方家燃放鞭炮，迎接喜车。结婚典礼由司仪主持，证婚人宣读结婚证书，新婚夫妇对拜，互赠信物，向双方老人鞠躬，老人要给“改口钱”，结婚仪式结束后，设宴招待客人。客人给新人礼份钱俗称随礼。晚间要闹洞房，新郎新娘要吃饺子，褥底放“筷子”，寓意快生子。随着生活质量的提高，农村结婚礼仪发生了新的变化，不仅要在饭店订宴席，给女方的彩礼也越来越贵重，女方陪送的嫁妆也较丰厚。

丧葬 满族人不允许在西炕或北炕有老人去世的现象发生，老人辞世时必须在南炕头，因为西炕为贵，北炕为大，这两炕死人是不吉利的。人死后穿寿衣，儿女守候等老人咽下最后一口气，叫“接气”。人死后，用白布蒙面，不见天日，死者停在灵床（三块板）上，同时，把宗祖龛和镜子遮上，将灵床放在地中央，死者头向里、脚向外，身穿长袍，手攥面饽饽，口叼含口钱，脚系“绊脚丝”，胸前放一个铜镜或玻璃镜子，叫压怀镜子。灵前供一只“倒头鸡”、一盏“长命灯”和其他食品。死者晚辈均穿白布孝衫、腰系白布孝带。入殓时，要拿出死者嘴里的含口钱，还要用酒擦洗面目，叫“开光”，然后从窗户抬出。棺材底下摆放 7 枚铜钱或小银子钱，摆成北斗星形。棺材形状呈上窄下宽，天盖是屋脊形，外面涂红漆，有的画上花草等图案，里面糊纸，棺材后钻个孔，为“出魂孔”。从屋里抬出入殓时，要用布单遮住太阳，全家要叩头。灵前摆供果、烧纸盆、纸人（为童男童女）、纸马。如死者是女人，还要扎一头纸牛（意为牛替妇女喝脏水），西侧还要摆放纸扎的金库、金房、香幡、鼓幡、球幡，五颜六色，从灵前一直摆到大门口，门口设有吹鼓手吹奏哀乐，排场壮观。在起灵前，众人抢红色幡布拿回去给小孩做肚兜，意可免灾。起灵时，儿子先摔丧盆，然后挽起系在棺材头上的白布一头搭在肩上作拉车状走在前面，由 8 人或 16 人抬到墓地。下葬时，儿子先往棺材盖上撒三兜土，然后大家动手掩埋。出殡回来时，儿子和侄子要跪到大门口，以感谢众乡亲帮忙。之后，主人设宴答谢大家。下葬第三天，儿女们要到坟上烧纸、填土，叫“圆坟”。第一个七天，在家里举行“出魂仪式”，家属在死者常躺的地方铺上褥子，旁边摆上小桌子，放上酒壶、酒盅……家属哭悼后到外屋敲烟囱，叨念，叫出魂。死者亲人在戴孝期间不准剃头，不准参加娱乐活动；过年不准贴对联、年画。

新中国成立后，丧葬仪式有很大改革，外三道沟村人实行土葬，人去世后一般停放一天或三天出殡，有的当日出殡，死者的衣服有的是提前做的“送老衣服”，有的则是现买的，棺材是用松木板做的。后来实行火化，都用小棺材或骨灰盒装骨灰。亲朋好友有的送花圈、花篮，也有给纸钱的。出殡前，在灵前简单开个追悼会；火化后，一般都回村墓地进行土葬，也有买公墓的。葬后，家属备酒席答谢客人。

禁忌 满族禁食狗肉，禁戴狗皮帽，禁穿狗皮衣。正室西炕不准坐有着丧服者、吃狗肉者、穿狗皮衣者和妇女。双日子不能下葬，未出嫁的姑娘、没生子女的媳妇以及非正常死亡者都不能埋在祖坟地，孕妇死后要火葬。闰月年份，不能盖正房，盖房上梁要选吉日。小孩生天花时设“忌门”，门口挂草把，底部绑红布条。不能让小孩指点雨后彩虹，认为会烂手指头。小孩不能站在门槛上，认为会不长个子。小孩不能吃猪尾，认为吃了晚间身后会有声音。小孩晚间不许照镜子，怕他们梦中见着鬼。

祭祖 满族人祭祖分白天、晚上两步进行。白天先把祖宗像从匣中请出挂在支架上，将支架放在桌上。摆 9 个酒盅，里面装上米酒（奴鲁），摆上三行头天用黄米面炸好的牛舌头饽饽和两个达紫香碗。家萨满捧达紫香碗跪着烧香，祷告祭祖的原因，请求祖宗保佑阖族平安、人财两旺。家萨满身系腰铃、穿裙子，手击单环鼓。族人击大抬鼓、打札板。萨满边舞边唱，唱完三遍歌词，主祭人和全族人向祖宗像磕头，将祖宗请入匣内。晚上（太阳偏西时），再次请祖宗。然后抓猪，将猪倒着拉进屋，在祖宗像前按倒，萨满围猪跳三圈，随后把猪杀掉，煮熟后放在木盒里，在祖宗像面前供奉。大萨满手持“轰务”（二尺长木杆，顶端有铜铃），身系腰铃，边唱边舞，此时背灯，族人击大抬鼓、打札板，与大萨满合声唱。唱过三遍后开灯，全族人向祖宗跪下，萨满祷告，请祖宗，全族人吃肉、喝酒，直到天亮结束。

祭神 满族人祭神，有时因病许愿，有时是秋后、入冬结合祭祖一起祭奠。满族祭天，由萨满主祭。清晨抓猪，围绕院内影壁墙转三圈，然后在影壁前杀掉。杀猪扒皮不褪毛，将猪的肋巴肉、猪心肉煮好，和小米饭一起分装4碗，放在影壁前的供桌上供奉，继之将猪嘴、尾巴、胆等各处之肉取少许剁碎，夹在草把中绑好，将猪“索罗骨”先插在“索罗杆”之上，再将绑好的草把绑在“索罗杆”顶部。“索罗杆”立起，由家萨满主持，阖族磕头祭祀。祭祀完毕，将猪肉剁碎和小米熬粥吃，俗称吃“小肉饭”。午后，将猪皮（带肉）用火燎、刮净、煮熟放在供桌上面，供桌摆在炕上，阖族围着吃，俗称

“大肉饭”。晚间，将吃剩的骨头扔到影壁前，吃剩的汤和肉也必须扔掉。解放前及解放初期，祭祖祭神的仪式比较盛行。新中国成立后，在国家移风易俗政策的倡导号召下逐渐减少，到 20 世纪 80 年代基本绝迹。

萨满禳灾 萨满，通古斯语，在满族史诗《乌布西妈妈》中解释为“晓彻”，意为最能通达、知晓神的旨意的人。满族人认为萨满是神灵的代表，所以满族人过去有病往往请萨满禳灾，俗称跳神，认为萨满能请下一种或两种甚至上百种神为氏族成员治病救人，保婴育子，除秽祛邪；为氏族占卜吉凶，筹谋生计。萨满跳神时穿神衣，戴神帽，还要使用神具。神衣是用鞣好的皮或用布制作成的长衣，装嵌有铜镜、铜铃，神帽有的顶部装饰以铜雀 3 个或 5 个，有的装饰以大铜铃（称此为老虎神帽），系飘带；神具有鼓、档士等。萨满跳神时要有二神做帮手。萨满先击鼓唱咒语，二神随声附和，边唱边击鼓，然后萨满跑出门外请神，神不同舞蹈姿势也不同。来神后，二神要向萨满请示病者得病的原因和作祟的瘟神以及驱散的方法。萨满代表神灵回答，并指示病人要贡献必需的牺牲和供品。萨满跳神，一般向病人索要钱财。解放后，外三道沟村中有一个萨满，为满族人之首领，有萨满所用之法器，1964 年其法器之一皮鼓被孩童玩耍时毁坏。此后，再无萨满活动。

◉ 民俗

正月十六抹花迷子 正月十六抹花迷子（抹花鼻子）这个习俗在外三道沟村一直盛行。农历正月十六早上大家争相早起，因为这一天要抹花迷子，过去是家家夜不闭户，不管是谁推门就可以进来，一旦稍晚一些起床，就容易被人堵在被窝里抹个正着，在被窝里被抹的人会被笑为懒虫，而起得早又被抹得多的人会被视为勤快的人。起床后马上就要去抹别人，先拿出一个生土豆（也有用萝卜的）从中切开，蘸上锅底的烟灰，然后就飞快地跑到邻居家里见人便往脸上抹。不管在什么地方只要见到人就抹，同龄的小伙伴们都抢着在别人没起床时去堵在被窝里抹，这一天直到天完全黑下来之前都是没有大小长幼之分的，不管谁抹了谁，都没理由拒绝，可以躲或者逃，但绝不可以反抗，即便是青年人对长辈也可以在这一天当中不必有任何顾忌，可以尽情地抹。虽然谁都知道被抹是好事，但还是不想被抹上，因而，想抹别人的人到处追人，被抹的人拼命逃跑。

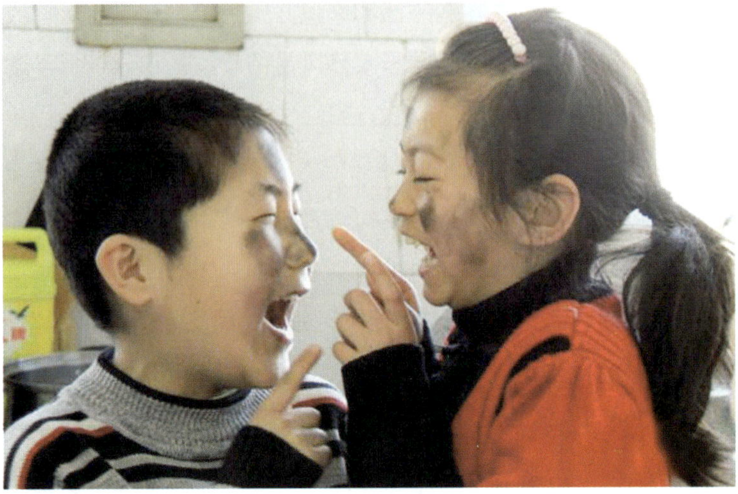

抹花迷子（2020 年）

据老人说，正月十六是鬼节，这天鬼都出来活动，把脸抹成黑色或是灰花色，是想扮得和鬼一样，鱼目混珠，从而不被鬼抓走。还有一种说法是，在这一天里如果不被别人把脸抹成黑色的，小孩就要在这一年里生病甚至夭折，大人不被抹也不吉利。另有一种说法是，谁脸上被人抹得多谁就最幸福，因为谁的人缘好谁就被人关注的多，脸上的黑灰就是证据。因此，一般家长都早早起来，先用炉灶里的柴灰或锅底灰把自己的孩子们一一抹上。当然，这种抹是很温柔的，一般只是象征性地在额头抹上一个蚕豆大小的黑点，充满了父母对孩子的爱意，不像大家互抹那样带有攻击性，甚至有的已演变为恶作剧了。这是一个群众性活动，参加的人不分男女长幼，你追我赶，连拉带拽，喜气洋洋。在热闹的互相追抹的过程中，淡化了原始的含义，变成一种庆祝节日的民俗活动，增加了节日祥和欢乐的气氛。

骨碌冰 每年农历正月十五晚上，外三道沟村妇女们会穿着厚厚的衣服来到黑龙江或井台边的冰面上滚来滚去，一边滚一边还要念念有词“骨碌骨碌冰，一身都轻松……；骨碌骨碌冰，百病都不生……；骨碌骨碌冰，全家保安宁……”如果家里有孩子生病，那么，当母亲的更是骨碌得多，念得也比别人多，因为这意味着驱除病魔。妇女们在冰面上尽情地滚着，嘴里不停地念着，滚去一年中的所有病痛和一切不快，呼吸着透过冰层丝丝凉爽的春意，企盼在新的一年里全家人健康。月光下全村人齐聚江岸“打爬犁”。大人用大爬犁，小孩用小爬犁，姑娘们往往挤在一张爬犁上，嘻嘻哈哈，边打边闹。大人、小孩边打边喊：“卖病了！卖病了！”老人们用满族话喊“尼莫胡阿户，

孩子们玩骨碌冰游戏（2020 年）

尼莫胡阿户”，意为“没病了”。到江面“滚冰”、打滑板的人，用木棍敲击冰面，动静越大越好，声音越清脆越好。这些民俗源自满族千百年来形成的自然崇拜和萨满文化观念。满族萨满神谕宣称：“寰宇中有善神有恶魔，在欢乐吉祥日子里，要警惕九头恶魔‘耶鲁里’。每到除旧迎新的上元之夜时，‘耶鲁里’被‘阿布卡赫赫’（天母）、‘巴那吉额姆’（地母）、‘卧勒多赫赫’（星母）打败。打入地下的‘耶鲁里’，不甘心屈服于地下，趁世人喜迎新春正月时，便乘隙出来作恶害人。但是，恶魔‘耶鲁里’最惧怕世间的光明、烈火和声响。族众只要在上元夜猛敲响木棍或甩动响鞭，燃起篝火、点亮灯笼火把，就能驱走恶魔‘耶鲁里’，永享吉宁。”

掐春 掐春是满族特有的习俗，一般在农历四月山花开放山菜拔莛时节。此时青年女子们邻里相约，姑嫂相伴，呼朋唤友，打扮得花枝招展，提篮拎筐到山中采菜采花，游戏娱乐。有一首《掐春》诗专门描述满族姑娘们掐春的情景：“你掐鲜嫩我掐新，女伴欢声摇远林。已是篮中香绿满，犹簪鬓角一枝春。”满族姑娘还用“对歌”的形式，表达对幸福的追求、对生活的热爱。

赶庙会 满族自古以来就有赶庙会的习俗。在东北地区，每逢农历四月初八、四月十八、四月二十八，各地纷纷举办观音庙会、娘娘庙会、药王庙会。届时，商贾云集，祭祀神灵，游览观光，人山人海，非常热闹，是一年中难得的盛大聚会。“四月逢八盛会开，人如潮涌逛山来。仙家此日迎凡客，纵市闲游也惬怀。”描述的就是满族赶庙会的盛况。

杀年猪宴客 农村的满族家庭几乎都养猪。每年 11 月中旬至春节，是村里杀猪宴客的季节。这时冬闲了，猪肥了，天冷了，猪肉也能冻住了，满族村民开始杀猪宴客了。杀年猪在村里是一件大事，村民豪爽，要把周围邻居和村里头面人物及要好的朋友都请到，借此机会，大家欢聚一堂。1969—1980 年，村民的座上宾增加了与之要好的知青朋友。

杀猪宴上的主菜是杀猪菜，煮上一大锅上好的五花肉，加上自家腌制的酸菜，配血肠、猪肝、苦肠等一起煮。20 世纪 80 年代后，还要有很多炒菜，极其丰盛。酒盅端起来，知心话儿唠不够，白酒、啤酒都喝尽兴。酒话之中，某些误会说开，某些事项达成共识，大家的心情舒畅了，凝聚力增强了，欢欢喜喜迎接新年。

◉ 礼仪

注重礼规

满族村民注重行礼，俗称“规矩大”。行礼是表达敬意的一种方式，是一种礼貌。满族行礼很有民族特点，在不同的场合，对不同的对象，行不同的礼，表示不同的礼数。有叩头礼、抱腰接面礼、顶头礼、请安礼、执手礼、鞠躬礼等。

叩头礼 晚辈对长辈、下属对上司所行的跪拜大礼。行礼时双膝跪地，屈身叩头，挺身时两眼平视。叩头礼有三跪九叩、二跪六叩、一跪三叩之分。祭祀神灵祖先时，行三跪九叩大礼；拜见尊长、父母时，行二跪六叩礼或一跪三叩礼。

抱腰接面礼 亲朋故旧多年未见或新亲家初次见面，行抱腰接面礼。行礼时，两人相迎，互碰左肩右肩，再互相以右手抱腰，左手抚背，交颈贴面，然后执手问安。清代中期以后，这种礼逐渐被执手礼取代。

顶头礼 老年夫妇离别后的相见礼。行礼时妻子迎上前，用头顶住丈夫胸部，丈夫轻轻抚摸妻子的脖子或拍拍后脑勺，表示还礼。

请安礼 平日相见之礼，多是晚辈向长辈、下属向上司请安，平辈中年轻人向长者也可以行请安礼。男子请安礼也称“打千”，行礼时，弹袖放下袖头（先左后右），左脚移前半步，左膝盖前屈，左手垂在左膝盖上，右脚后引右膝盖前屈至地寸许，右手同时下垂，上身前俯如拾物之状，数秒后左脚收回，恢复立正姿势。行礼时，一边行礼一边口称“请某某安”。男子请安，也有行“跪安”礼的，双膝跪地，口称“某某给某某请安”。女子行请安礼，上身挺直，两腿并拢，右脚略后引，双膝前屈，呈半蹲姿势，同时双手相叠放在膝盖上，数秒后行礼完毕。

执手礼 双方相见时，都以右手相执，但虚拢不握，年长的垂手相引，年轻的仰手相迎，年纪相仿辈分相同的立掌平执。妇女相见，特别是新亲家女眷初次见面，多行执手礼。

鞠躬礼 平日相见之礼。行礼时，身体直立，脚跟靠拢，双臂下垂，五指并拢，两眼平视，上身前屈。常礼一鞠躬，大礼三鞠躬。

尊老敬上 满族人家把尊老敬上视为美德，作为家风、家教的重要内容。平时居家，晚辈向长辈早晚请安，长辈教诲，晚辈垂手恭听。如从外面进屋，对屋里长辈按辈分顺序行礼。与长辈说完话不能马上转身就走，须退几步，然后转过身再走。儿媳妇每天早晨起来要给公婆装烟，准备茶水。吃饭时讲究长幼有序，长者不动筷，晚辈不能先动筷。儿媳不能同公婆同桌吃饭。长辈吃饭，儿媳在旁伺候，饭只能盛多半碗，随吃随添，双手奉上之后，退到门外等候。儿子外出前，要到父母处打招呼、请安、辞别。回来后，还要请安。亲朋好友来家做客要热情装烟，远道来的客人或不经常来的客人，要以酒饭接待。如果主人在准备饭时，客人不告而别，这被看作是对主人的侮辱和失礼。

新中国成立后，带有歧视妇女因素的规矩逐步被取消，满族妇女从精神上得到了解放。

◉ 节庆

春节 春节是外三道沟村满族和汉族等兄弟民族共同的重大节日，习俗基本相同。家家备有年猪。腊月二十三过小年，送灶王爷上天，给灶王爷的嘴抹上麻糖，意为让他“上天言好事，下地保平安”。腊月二十四大扫除，彻底打扫室内外卫生。腊月二十五妇女洗被褥、衣服。腊月二十七蒸豆包、苏子包、糖包、花卷、馒头。腊月二十八煮肉、做宴菜、装冻碗。腊月二十九“走油”炸食品。过年家家都要贴对联，有的人家还在院里挂上各种颜色的三角小旗，挂上大红灯笼，还有自家做的冰灯。农历除夕，各家要吃团圆饭，晚辈要给长辈磕头拜年，长辈要给小孩压岁钱。晚饭后，要到亲近的长辈家去

除夕看春晚、包饺子（2019 年）

辞岁。午夜放鞭炮、吃饺子、接财神。初一至初三，亲属、朋友间互相拜年，晚辈要给长辈磕头。初七是“人日子”，吃面条，停针线。

元宵节 正月十五是元宵节，满族和汉族等兄弟民族一样，挂灯笼、吃元宵，举办舞龙、耍狮子、踩高跷、扭秧歌、跑旱船等丰富多彩的文艺活动。不同的是满族的大红灯笼是挂在院子里高高的索罗杆上，配上一束松柏树枝，红灯绿柏，相映成趣。满族还要制作冰灯，在门口摆放，如今冰灯越做越精巧，千姿百态，斗彩争辉，成为北方冬日一道独特的风景。满族在元宵节晚上的活动主要有“扮灯官”“骨碌冰”“验月份”等，民族特色浓郁。

元宵节挂灯笼（2021 年）

满族祈福（2021 年）

舞龙（2015 年）

扭秧歌（2015 年）

添仓节　正月二十五是满族的添仓节。这天，人们在粮仓中放一盆高粱米饭，上插用高粱秸秆皮做的小车小马，添饭三次，意为粮食连年增产，车马往粮仓里运粮食。“年年此日屡添仓，心愿从来只一桩。小马应知家主意，载来遍地稻粱香。”现在添仓只是为了喜庆。

中和节　农历二月初二是中和节，又称“二月二”“龙抬头日”。这天清晨，人们从河边或井旁到院子里，用草木灰画上弯弯曲曲的“龙道”，在院子里画上圆形“粮囤”，意为把龙从水中引领到院子里，然后致祭，以求风调雨顺、五谷丰登。这天要吃猪头肉、啃猪蹄、烙筋饼卷干豆角丝炒肉吃。这天不许动刀剪，怕割掉龙头，但大人、孩子都愿意在这天理发，谓之剃龙头。

清明节　满族过清明节要上坟扫墓，到先人墓地祭扫，新坟插佛托、旧坟插柳枝。佛托的意思为“祭祀的柳枝”，用五色纸条扎在柳枝上制成。满族认为柳是人类始祖，人是柳的子孙，插柳为祭，表示后人不忘先祖。满族人把柳树视为神树，因为柳树生命力较强，在十分恶劣的环境下也能生长，所以插柳还寓意民族的坚毅和祈求先人护佑家族兴旺发达。

端午节　农历五月初五是端午节，也称端阳节、五月节。外三道沟村村民很重视这一节日，认为五月节是虫子的节日，从这一天起所有越冬的虫子就醒蛰了，因此要“防虫”。一般做父母的要到野外踏青，赶在太阳出来之前用露水给孩子洗脸，据说会使眼睛变得明亮，传说这一天的露水是神仙们洒下的甘露，有神奇功效。同时还要采艾蒿，插到门窗等虫子能够进来的地方，把艾蒿塞在孩子的耳朵里，使一年不受虫害。还要早起给小孩戴纸花，手腕系五色线，室内挂各种颜色的纸葫芦，用以辟邪免灾。外三道沟村的村民端午节也吃粽子或烙韭菜合子、煮茶叶蛋等。

虫王节 农历六月初六是满族的“虫王节”。这天要杀猪祭祀，杀猪之前由萨满举行仪式。祭祀的目的是免生虫灾。这一天，满族还有晾晒衣物、腌制食品的习俗，据说可不遭虫蛀，不致腐败。

丰收节 丰收节是满族特有的节日，没有固定日期，一般在农历八月下旬或九月初，即新粮登场之后。择日杀猪煮肉做豆腐，用新打的粮食碾米磨面，煮饭蒸糕，有“上场豆腐下场糕”之说。食品做好后，加上采摘的新果，摆放在供桌上，点燃达紫香，先祭祀神灵和祖先，意为请神灵和祖先来尝尝新收获的粮食和新采的水果，称“荐新”，也称“场院祭”。祭祀之后，阖家聚餐或请亲朋好友一起聚餐。餐后，往往载歌载舞，欢庆丰收。

颁金节 农历十月十三是满族特有的颁金节，即满族命名日。颁金，满语即“诞生”之意。天聪九年（1635）农历十月十三日皇太极宣布定族名为“满洲”，满语是吉祥之意。此后，每年农历十月十三，就成为满族的重大节日。每逢此日，外三道沟村的满族村民都举办一些活动，表示庆祝和纪念。近年来，举办的活动主要有满族专题报告会、满族知识讲座、满族知识竞答、谜语竞猜、文艺演出、高跷秧歌表演等。

◉ 美食

八碟八碗 满族村民至今还保留着制作蒸碗的习俗。据《瑷珲县志》记载，满族饮食原为“七碟八碗”，但经几代人传承，慢慢变为“八碟八碗”了。每逢腊月二十三过小年，家里待客就开始上“四碟四碗”。待春节后，拜年的亲戚们聚在一起，好客的主人便端上“八碟八碗”，

满族八碗（2021 年）

皮冻焖子（2017 年）

一直吃到二月二“龙抬头”。

村民爱吃蒸碗是因随吃随蒸，非常方便。满族蒸碗以猪、鸡、鸭、鱼肉等为主料，用自产的干菜如干黄瓜片、干豆角丝、木耳、蘑菇、老山芹等原料作为配料。村民们还进城采购一些宽粉条、海带丝、刀鱼、肘子、猪蹄，用炸、炖、蒸、煮等方法烹制。八碗有炸肉丸子、炸土豆块、炸豆腐泡、炸茄盒、蒸五花肉、小鸡炖蘑菇、排骨炖豆角丝、红焖肉炖海带丝。

用一口大锅加入老汤和原料，经过慢火炖熟后，便盛出一碗碗冻成坨。一种蒸碗最少要做十五六碗，冻好后，一坨坨贮藏在缸里，随吃随蒸。回锅蒸碗的口味在于汁，色泽鲜亮，咸淡适中，热而不烫嘴，汁凉油不挂边，炸好的主料放在碗的上面，配料放在下面。

八碟，即四凉四热。四凉：米饭焖子、宽粉干黄瓜片拌木耳、豆芽拌里脊丝、肘花冻；四热：炒黄豆芽、红焖鱼、熘肥肠、白菜炒木耳。凉菜中最爽口的下酒菜是宽粉干黄瓜片拌木耳，吃起来脆生生。焖子，满族人又称芡活儿。制作焖子的主要原料有大米饭、肉馅、老汤、淀粉等。蒸熟米饭晾凉后掺入一定比例的淀粉、肉馅、熟油和其他作料拌在一起，掐成长 30 厘米左右的长条形，有的用鸡蛋拉成的皮裹好；有的用鸡蛋清和面粉，均匀涂在焖子的表面上，干后再用五瓣大粒八角蘸红色，印在金黄色的焖子上，显得格外喜庆。食用时将焖子上锅蒸熟，待凉后切薄片摆盘食用。

满族村民待客十分讲究，要求“八碟八碗”色、味、香、形俱全。菜切摆要有形，蒸碗要香味纯正，荤素搭配。上菜时，先上八碟是下酒菜，后上八碗是下饭菜。这也反映了满族村民朴实、热情、好客的性格。

满族村民烹制的蒸碗现在不仅是春节时自家享用的美食，还把满族风味的菜肴推向市场，端上了城市酒店的餐桌。

开江鱼（2020 年）

开江鱼 “开江鱼”指的是每年四五月黑龙江江面封冰化解时捕捞的鱼。相传辽代自圣宗起，直至天祚皇帝，每年都千里迢迢从京城出发，带领群臣及后宫嫔妃们到黑龙江巡游春猎，在春寒料峭之时，凿冰取鱼，举行“头鱼宴”。古时还有渔民“吃先”的习俗。“吃先”即渔民将开江捕上来的第一网鱼吃掉，寓意拔头筹、占先机，身体健康强壮、四季平安、财源滚滚。

开江鱼与平时吃的鱼味道不同，是由东北自然条件赐予的，只是在开江时候才能够吃到这种味道。东北地区冬季漫长，鱼在江里困了 6 个月，被开江的春水唤醒“鱼贯而出”。这些鱼经历了冬季，体内的脂肪已经消耗殆尽，废物也排泄干净，其肉质变得非常紧致，不肥不瘦，异常鲜美，与其他时节的鱼或海鱼有很大区别。所以开江鱼成了不可多得的美味，烹调得当，味道鲜美。

开江鱼的做法别具一格，俗话说“江水炖江鱼”。将新打上来的江鱼收拾妥当，冰冷的江水倒入大铁锅中，放上葱段、姜片、蒜瓣和盐。开江鱼吃的就是一个“鲜”字，除了这些食材便不再放其他作料。用干柴将铁锅中的江水烧沸，再将整条鱼放入锅中，盖上锅盖便已完成大半。炖鱼讲究的是火候，必须文火慢炖。待汤汁略微收一些时，打开锅盖，一阵鱼肉的鲜香味便随着湿润的蒸汽扑面而来。

鲇鱼炖茄子（2021 年）

猪肉炖粉条（2021 年）

鲇鱼炖茄子 相传北宋末年宋徽宗、宋钦宗二帝被金军所俘，金军将其押往五国城（今哈尔滨市依兰县）。途中路过松花江，士兵们捉了一条鲇鱼，让当地老乡做菜。老乡见鱼少人多，就把鱼和茄子一起炖制成菜端上桌。鲇鱼肥而不腻、茄子鲜香味浓，荤素搭配相得益彰。徽、钦二帝吃后连声称好，此后“鲇鱼炖茄子，撑死老爷子”的谚语便在民间流传开来。这道菜的特点是茄子浸入了鲇鱼的鲜，鲇鱼有了茄子的香，下酒、就饭皆宜。此菜是黑龙江传统四大炖菜之一。

猪肉炖粉条 相传在金代各部落战争不断，部落头领为使士兵能尽快恢复体力，最常用的办法就是让士兵吃猪肉炖粉条。此菜是一道东北名菜，粉条吸取了肉的香味，肉也变得肥而不腻，最朴实的菜却有最难忘的味道。东北人过年必杀猪，将猪肉大块大块地切下来，有亲友来访，便和粉条一起下锅炖煮。该菜发源于四川。相传唐朝薛仁贵非常喜欢四川菜，其被发配到东北后，将四川菜传到了东北。猪肉炖粉条为黑龙江传统四大炖菜之一。

排骨炖油豆角 相传皇太极东征察哈尔时，军队在一个村里修整，村民看到来了这么多官兵，猪肉不够吃，就将排骨剔下和自家种的油豆角一起做成菜肴。官兵吃得很香很饱，皇太极很高兴，便对村民们说如果打了胜仗，一定会赏赐他们。后来，他果然兑现了诺言。此菜的特点是油豆角与排骨都很耐火抗炖，二者结合相得益彰，炖出的油豆角绵软爽口。此菜也是黑龙江传统四大炖菜之一。

杀猪菜 春节时，农家杀年猪是一件大事，也是一件喜事。杀完猪，灌上血肠，切下血脖肉，摘下心、肝，下锅就着汤加酸菜一起煮了。一盘血肠、一盘白肉、一盘心肝，再加上酸菜汤，菜品家常却美味，请来亲朋好友，大碗喝酒，大块吃肉，一是为了

排骨炖油豆角（2021 年）

杀猪菜（2020 年）

庆丰收，二是为了答谢亲朋好友一年中的照顾。现在的杀猪菜在保持原来风味的同时，其烹制方法已经有了很大改进，口味更鲜美、食材更丰富。人们几乎把猪身上所有部位都做成了菜，猪骨、猪头肉、五花肉、猪血肠及“灯笼挂”（全套猪下水），都可烹制成美味佳肴。真正讲究的杀猪菜菜馆，选用农民以粮食、猪草喂养的“笨猪”，猪肉有最纯正的天然肉香。杀猪菜中最具代表性的菜品有蒜泥白肉、蒜泥护心肉、拆骨肉、手掰肝、酸菜炖白肉等。

酸菜火锅 火锅是满族美食，在满族先民餐桌上已有上千年的历史。早在金代，女真人就有在野外狩猎时架火烧陶罐，用鸡汤煮食鹿、狍肉片的饮食风俗。女真人狩猎野餐时常用篝火烧陶壶、陶罐煮食吃，塞外高寒，边烧边吃，这便是火锅的雏形。后来，随着金属用品的广泛应用，火锅正式诞生，成为女真人行军狩猎的随行炊具。满族火锅中最有特色的是酸菜火锅，亦称渍菜火锅，是以酸菜为主的满族风味火锅。

酸菜火锅（2022 年）

酸菜的由来，有一个凄美的传说。相传金太祖完颜阿骨打起兵反辽时远征漠北，命他的大妃带兵押运粮草蔬菜，不料在途中遇上辽军，由于押运的人少，寡不敌众，全部战死。大妃在临死前，还不忘将几棵白菜藏进陶罐里。待完颜阿骨打前去接应大妃时，押运的兵马已全部战死，在大妃的遗体旁，发现了装着白菜的陶罐，由于雨水浸泡，白菜已经发黄变软，并且发出一种奇特的酸味。完颜阿骨打将大妃安葬在山坡的松树旁，并将大妃舍命保护下来的几棵白菜切碎，与猪肉炖在一起。女真军队吃后顿时觉得体力大增，高喊着为大妃和死去的将士报仇，一举攻下了城池。由此，女真人学会了用白菜渍酸菜，大妃也被女真人尊为渍菜女神。如今，在东北农村还保留着这一习俗，很多家庭都会腌制酸菜，腌制成的酸菜色泽明黄闪亮，又酸、又脆、又香，味道独特。

酸菜火锅以独特的飞龙鸟为汤，涮品有酸菜、猪五花肉、羊肉、牛肉、野鸡肉、冻豆腐、粉丝等。现在的酸菜火锅经过百年传承及改良，汤和涮品基本以猪五花肉和牛羊肉为主，辅以酸菜、血肠、豆制品、粉丝、木耳等，涮品种类更为丰富，佐以蒜泥、韭菜花、芝麻酱、腐乳、辣椒油和卤虾油等调制的蘸料，味美而独特。

◉ 出行

解放前，外三道沟村民出行的交通工具为花轱辘车、爬犁、勒勒车、小木船、桦皮船等。

花轱辘车和嗡铃　花轱辘车是外三道沟村殷实人家的主要交通工具。花轱辘车轮圈为铁制，辐条为木制。车轴与车轮之间没有滚珠轴承，而是往里面浇油，使之润滑。所以，一旦油干，就发出吱吱呀呀的声响。拉车的骡马有两截套和三截套，除驾辕的马之外，前面的骡马有两三匹的就是两截套；若两三匹之前再有两三匹的就是三截套。殷实人家养的大车，车辕下挂有 2 ~ 4 只铃铛，铃铛外面罩着朝地面开口的铜套。车走动时，铃铛就响，声音通过铜套传出，发出撞钟的声响，这就是嗡铃，可壮声势，吓野兽。

爬犁　满语称“法喇”，爬犁是外三道沟村村民冬季的主要交通工具。其制作简单，用两根一丈多长的硬杂木杆，前端用火烘烤弯成弓形，高高翘起。杆上架一副车架子，宽三尺余，长七尺左右，右檐有底，无软壳，靠两根架木杆在冰雪地上滑行。爬犁有俄式爬犁和大杆爬犁两种，俄式爬犁底部挂有铁瓦，上面带有两翅；大杆爬犁以桦木弯曲

马拉爬犁（2005 年）

做腿和辕，上面钉有横木。爬犁多驾以马拖，有单马、双马之分，也有几条狗一起拉。无论马拖还是狗拉，在冰雪上面都畅通无阻，拉人载货，轻捷简便。爬犁构造简单，使用方便，至今还在使用。

勒勒车　这是一种木制的带两个大轮的车，适于在草地上行走，俗称“草上飞”，其“轮不求甚圆，辕不求甚直，轴径如椽，而载重致远，不资钴辘，惟山路崎岖，防损折，动以凿随之”。

威呼和桦皮船　满族人称小木船为“威呼”，木板制成，体积较小，长 6 米多，阔容膝，头尖尾锐，使用灵便，用以载人，中流荡漾，驰如竹箭，是满族渔民在江河上捕鱼用的小船。桦皮船一般船长约 3 米，宽 1 米左右，两头尖而向上翘，用松木做架，外面覆以桦皮。桦皮接头处用柳条或鹿筋作线缝合，然后涂上松树油即可。船体很轻，移动时可用肩扛起。平时搁置岸上，用时一人即可推入水中，顺流用桨，逆水用杆，时速可达 10 ~ 25 千米，常用于捕鱼撒网，轻便灵活。

新中国成立尤其是农业合作化后，村集体有了胶轮大车，50 年代开始有了汽车，之后个人有了自行车。实行家庭联产承包责任制后，家家都有了小型拖拉机。2010 年村民开始购置小轿车用于出行，至 2019 年全村有 73 户拥有小轿车。

特色民宿（2021 年）

知青下乡

1969—1980 年，107 名上海市、黑龙江省和辽宁省的 1967—1975 届初高中毕业生到外三道沟生产队插队落户。他们经受了农村艰苦的劳动锻炼，磨炼了意志，留下了深深的足迹。十年间，他们与村民一起参与生产劳动，为改造农村面貌，开发、振兴边疆作出了贡献，奉献了最宝贵的青春年华，与当地群众建立起深厚的情谊。返城后，他们在祖国各地各自工作岗位上成长为国家建设人才。外三道沟村知青对那段岁月铭记于心，与乡亲的深情厚谊难以割舍。他们与村民多次互访，重温那段终生难忘的青春岁月，用反哺的方式为外三道沟村美丽乡村建设捐资助力。

◉ 开启知青生活

1969 年 3 月，上海市革委会下乡上山办公室组织由干部、教师、知青等组成的知识青年学习访问队一行 28 人，赴黑龙江省黑河地区参观考察，回上海后广泛进行知识青年上山下乡的动员。其中，有后来到逊克县逊河公社双河大队插队的金训华，有到爱辉县爱辉公社外三道沟大队插队的裘云珍等。他们是最早踏上黑河这片黑土地的上海知识青年。

下乡插队　1969 年 4 月 28 日，第一批来自上海的知识青年从上海彭浦车站出发来到外三道沟大队（亦称新生大队）外三道沟生产队插队落户。他们分别来自上海虹口中学、虹建中学、韶山中学、长青中学、师大附中、北郊中学，共 28 人，其中，年龄最小的 15 岁，最大的 20 岁；男生 16 名，女生 12 名；高中生 2 名，共青团员 3 名。夏萍出发前被韶山中学任命为知青连长。同年 6 月，曾随上海学习访问队赴黑河考察的裘云珍到达外三道沟村。10 月，上海干部组成的“学习慰问团”成员中的上海交通大学干部卢积才和上海科技大学干部秦荣祺来到外三道沟村，协助做知青的思想工作，帮助知青解决一些实际问题，他们被称为上海带队干部。

1970 年，上海知青出发前在虹口体育场合影

1970 年 4 月 7 日，第二批来自上海市新沪中学和市第五中学的 1969 届初中毕业生来到外三道沟生产队插队落户，共 30 人，其中男生 19 人，女生 11 人。

1973—1976 年，先后来到外三道沟插队落户的有 48 名知青。其中，1973 年，黑河知青 3 名；1974 年 3 月，上海知青 1 名；1974 年 7 月，上海知青 2 名，从爱辉县二站公社南二龙大队转入；1974 年，黑河知青 7 名；1975 年 4 月，上海知青 1 名；1975 年 7 月，黑河知青 25 名；1976 年，黑河知青 6 名，哈尔滨知青 2 名，辽宁知青 1 名。

上海市为鼓励知青下乡，制定了相关补助政策。上海知青补助按 1969 年 1 月 9 日上海市革委会财贸组、市乡办发布的《关于知识青年下乡上山有关补助问题的通知》规定的相关标准发放，每人补助 60 市尺（20 米）布票，个别有特殊困难的，可按实际情况由下乡上山办公室再予以机动补助；每人补助 6 市斤（3 千克）棉花胎票和 5 市斤（2.5 千克）棉花票，棉大衣、棉衣由政府统一制作，从棉花票中扣除；每人补助 1 张蚊帐券。经济困难补助：子女下乡上山的行装费用，主要由家长自理；如属暂时困难的，可以酌情暂借，分期归还；经济确实有困难的，可按实际困难情况酌情补助；家长有工作单位的（包括集体所有制单位），由工作单位凭批准知识青年插队落户的通知书，办理借款或补助；家长没有单位的，由地区街道革委会办理补助；由学校或街道负责补助所需款项，由市财政局革委会通过市革委会下乡上山办公室批准，直接垫拨给各区革委会统一掌握使用；学校、地区办理补助的原则，也按照困难小的少补助，困难大的多补助，没有困难的不补助方式；困难补助的标准一般最高不超过 60 元。

按规定，上海知青下乡前领取政府发放的一套棉衣裤、棉帽子、棉大衣和蚊帐等物品。其中，第一批知青的狗皮帽子是到了外三道沟生产队后发放的。

当时在黑河地区下乡插队的知青，国家规定拨给的安置费主要用于修建住房、购置必要的生产工具和生活用具，以及下乡青年的单程路费、行李运费和第一年下乡的生活困难补助。具体的费用，各地不尽相同。1973 年前，单身下乡插队者安置费为 230 ~ 250 元，成户下乡者为 130 ~ 150 元。1973 年调整为单身下乡插队者安置费 480 ~ 500 元。回乡插队知青中投亲靠友者安置费为平均 50 元，独立成户者按照下乡插队知青计。

安置费的开支约 500 元，包括建房补助费 230 元，生活补助费 170 元，农具、家具、炊具补助费 50 元，学习材料费 10 元，医药费 10 元，动员费 30 元。插队（包括下乡与回乡）知青的口粮，在下乡第一季度由当地粮管部门供应，第二季度开始，由生产队按社员口粮标准供应。食用油，当季按居民标准供应，第二季度开始按农村标准供应。吃菜，由当地社、队分给每人自留地1～2分，供知青种菜。生产建设兵团和国营农、林、牧、渔场等单位的知识青年，享受所在单位职工的粮油标准待遇。

接收安置 外三道沟生产队非常重视上海知识青年的安置接纳工作。1969年3月接到指示后即着手准备，召开专题会议研究，并做了精心安排：指派人员提前迎接带路；将位于村子中央面积最大、设施最好的一幢独立平房作为知青食堂；安排食堂人员，购置器具，储备食物。知青宿舍建成前，暂住在居住条件相对宽敞的几户村民家里，并给这些家庭多分配一车柴火。

1969年5月2日，第一批上海知青到达当晚，被分别安排住进6户村民家里。刘怀珍家安排李金年、钱志明、卢宝祥、曹永亮、孙世滨5人；车明锁家安排艾金保、居福林、韩永明、马翌新、张建华5人；杨万友家安排夏萍、史瑞娟、金宝珍、程蓓华、傅凤梅、陈秀英6人；宋福建家安排祝越光、秦淑芬、朱志莲、邢祥蓂4人；刘万金家安排裘云珍、裘云仙、盛丽明3人；杨纯亮家安排张刚、黄心民、金裕彬、吕蔚东、施伯昌、薄树俭6人。生产队安排1名老党员专门负责知青工作，1人主持食堂工作，2人做大厨，2人帮助打理知青菜园。第二批和后来的知青直接住进新建的知青宿舍。

知青宿舍 外三道沟生产队知青集体宿舍坐落在村子自然延展的西边角，1969年夏、1970年春，由村民带领知青共同建造。宿舍位于公路东侧，一南一北两排房屋整齐排列，东西长50米，南北宽80米，面积4000平方米。在公路的东面，搭建有一所木

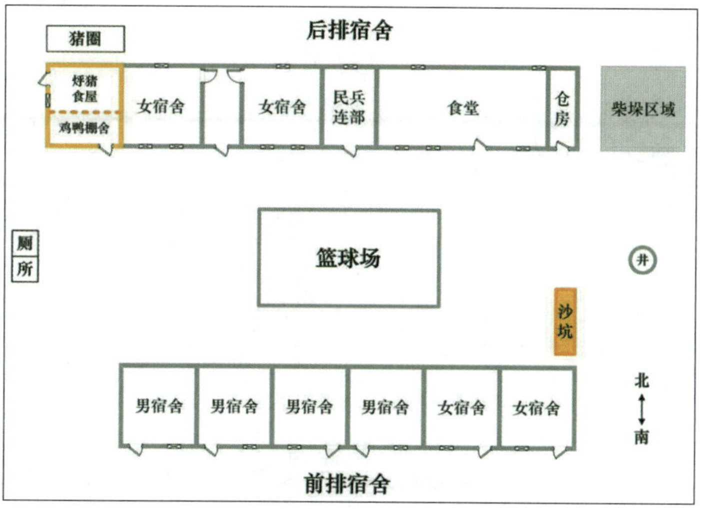

外三道沟生产队知青宿舍示意图

质结构公共厕所。两排宿舍之间是篮球场，球场东面开凿了一口水井。

1969 年夏，外三道沟生产队带领知青建造第一排知青集体宿舍，10 月竣工。宿舍建筑面积 350 平方米，土墙红瓦平房，共 5 间。其中，西面第 1 间是女生宿舍，西面第 2 间最初是知青食堂，后改建为女生宿舍；中间 1 间用于武装民兵值班住宿；东面 2 间最初是男生宿舍，后打通改建为知青食堂。北面宿舍靠东墙外是食堂和仓库，旁边一块空地堆放柴火；在宿舍西墙边，搭建了猪圈鸡舍，再向西面靠近公路边的一块空地是知青菜窖。知青在宿舍北面种了一排杨树，称为“知青林”。年底，第一批上海知青全部从村民家搬出，住进了知青集体宿舍。

1970 年春，第二批上海知青到来后，生产队在第一排知青宿舍的南面，建造了第二排知青宿舍。未打地基，用整根原木当柱子，做成房架，原木上钉上板皮，用干草和泥装在板皮子墙内。建筑面积 280 平方米，土墙瓦盖平房，共 6 间。2 间女生宿舍，4 间男生宿舍。屋内的红砖火墙将房间分隔成里外两间，外间是厨房，里间是卧室。每间卧室有南北两铺火炕，每铺可以同时住 5 ~ 7 人。同年 10 月，第二批知青也住进了新居。

知青食堂 1969 年春至 1970 年初，知青食堂是村子中央一幢最好的瓦木结构平房。房子高大宽敞明亮。房前一片平整见方的空地，可容纳近两个篮球场，四周柏树高耸，灌木环绕。知青们吃饭、开会都在这座食堂内。村民对这些年轻人非常照顾，食堂和菜园所有事务都由当地村民安排料理。1970 年年初，知青食堂迁至知青宿舍西面一间房内，设有饭厅。知青开始试着自己开灶做饭，马翌新做主厨，黄心民为司务长。后来，生产队又派村民关长绵相助。同年春，第二批上海知青到来后，用餐人数增多，知青食堂又搬回原址。同年秋，第二排集体宿舍建成后，将第一排宿舍东首两大间宿舍打通改建成

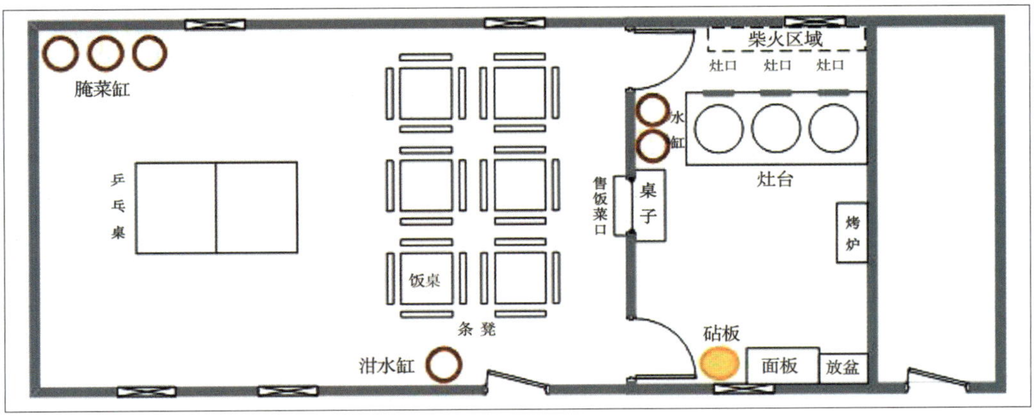

外三道沟生产队知青食堂示意图

知青食堂。饭厅和厨房更宽敞了，除有几张方形餐桌和长条凳子外，厨具一应俱全。添置了乒乓球桌案。饭票定时发放，饭菜配制、田间送餐、采购结算等食堂工作知青都能独立完成。

食堂主食最初是窝窝头、大糙子粥等粗粮，主菜是大白菜、土豆、卜留克（芜菁甘蓝）、咸菜等。为了改善主食粗粮的口感，大队派绰号“小山东”的知青吴汉民和1名村民到县招待所食堂观摩学习烤箱构造和使用方法。吴汉民根据所学自主研制烤箱，将玉米面掺上黑面粉烤成大饼子，改善知青伙食。1972年春，县委书记吴隆洲慕名前来考察，在全县知青点推广外三道沟粗粮细做经验。烤大饼子成了外三道沟知青食堂的一块响当当的金字招牌。随着生产队经济的发展，食堂主食也逐渐丰富，有馒头、烙饼、烤大饼子、包子、花卷、发糕、面条、面片、大米饭、大米粥、杂粮粥、韭菜合子和饺子等。

随着知青菜园和鸡、鸭、鹅、猪等家禽饲养不断发展，餐桌上的菜肴日渐丰盛，炒菜有辣椒炒土豆丝、韭菜炒鸡蛋、炒茄子、炒花菜、炒西葫芦、炒卜留克、炒卷心菜、西红柿炒鸡蛋等，炖菜有土豆炖豆角等，凉菜有拌黄瓜等。

生产队时常安排猎手打狍子和野鸡，给知青改善伙食。开江以后，组织捕鱼，有鳇鱼、鲇鱼、大马哈鱼、鲤鱼、鲢鱼、岛子、嘎牙子等。知青们向村民学会了做豆腐。知青食堂的伙食在外三道沟生产队的支持帮助和知青的共同努力下，由简到丰，由粗到精，成为远近闻名的先进典型。

后勤保障　外三道沟生产队的知青每人每年毛粮325千克，其中水稻100千克，小麦125千克，粗杂粮100千克，高于黑河地区平均水平。1973年，黑河地区要求知青口粮每年不少于300千克。虽然外三道沟知青口粮标准较高，但也发生过口粮不够吃的情况，加之经常有外来人员到知青食堂观摩学习并用餐，队里决定1970年起放开知青口粮供应，规定知青吃完了定期口粮，可以预领饭菜票，继续吃集体口粮；集体口粮不够了，知青食堂可以向生产队借，同时补助一些豆油；吃不完可退，年底结算。

从1971年起，生产队安排食堂人员协助知青饲养猪和家禽。刚开始养了4头猪。母猪下的几窝猪崽除了自留外，其余都被社员认购。宰杀多余的猪肉先由供销社代售，待食堂需要时再到供销社置换回猪肉。知青饲养的鸡、鸭、鹅，从几十只发展到近百只。

知青在社员们的帮助下开辟了菜园，并自己管理。菜园面积30亩，分3块地，每人3分地。种植的蔬菜有菠菜、鸡毛菜、茄子、西红柿、黄瓜、卷心菜等十几种。在知

宣传画《广阔天地 大有作为》

青精心培养下，菜园里蔬菜长势旺盛，不仅自给自足，还支援附近其他知青点，也尝试过到市场上出售。在社员的帮助下，知青们建造了过冬菜窖，保障了冬天蔬菜的食用。

为加强生活物资管理，减少浪费，从 1971 年起知青点设立保管员岗位，第一任保管员马翌新，第二任毛仁昌，第三任黎祖康。

在村党支部、生产队的关心，上海带队干部的指导，知青领头人张刚的带领和全体知青的共同努力下，外三道沟生产队知青生活大为改善。知青点有学习制度、宿舍值班评比制度。宿舍窗明几净，油漆过的炕面上，被子叠得整整齐齐。知青集体食堂有了结余后，购置了缝纫机，解决了缝缝补补问题。外三道沟知青精神面貌好，集体意识强，劳动中不怕苦不怕累，受到当地社员的赞许，引起了爱辉公社知青办的重视。爱辉县知青办在外三道沟召开了现场会议，总结介绍外三道沟知青集体生活和自力更生搞好伙食的先进经验。1971—1974 年，黑河地区、爱辉县、爱辉公社和其他地区的许多知青点纷纷组成参观团来外三道沟参观学习。1974 年 6 月，外三道沟知青点被评为爱辉县先进知青点。

知青收支 每年根据农时的忙闲，生产队的工分按月或按季评定：一个劳动日，夏季最高 12 分，春、秋、冬季最高 10 分。有技术的如车把式（赶大车的人）一般得高分，“三线”妇女（劳动能力较弱的妇女）最高 8 分。1969 年秋，严重的涝灾给村民收入造成重大损失。年底生产队分红，每个工分仅 0.08 元。知青的工分几乎没有满分的，扣去预支的饭菜票支出，所剩无几。1970 年，生产队工分按季节评，第一季度最高 7 分，第二季度最高 9 分，第三季度最高 11 分，第四季度最高 9 分，知青每人每月生活费可以按 15 元提前支取。1971 年，车福元等队领导认识到化肥的增产作用，用生产队的鱼、肉、酒、木头等置换化肥。通过开垦荒地增加耕地面积，扩大化肥、农家肥的使用面积，农作物增产增收；冬季从事副业生产，集体收入有所增加。年终分红，每个劳动日值达到 1.8 元。在扣除一年提前支出的生活费用后，每个知青都能分到数百元。一些男知青购置了自行车，女知青添置了新衣服。

◉ 经受劳动锻炼

刚到农村的知青没做过农活，下田劳动时戴草帽、口罩、手套等。在村民带领下，在长期的劳动中，脏活、累活、苦活抢着干，逐渐成长为技术骨干和劳动能手，由生产劳动的生力军变成了主力军。

大田劳动　20 世纪 60 年代末至 70 年代中期，大队机耕队农业机械化水平较低，生产队劳动力约有200人，耕地面积由6800亩拓展到11600余亩。以种植玉米、小麦、大豆、土豆等作物为主，60 年代末开始种植水稻。播种和收割基本靠人工劳作来完成。广大知青承担起了播种、锄禾、收割等大田生产体力劳动。

1969 年，第一批上海知青刚到外三道沟，就到繁荣大队（后撤销）种水稻。知青主要任务是打稻埂，平整稻田，为村民运送稻种。生产队给每人每天补贴半斤粮。初冬，知青第一次吃上了自己种的大米，感觉分外香甜。知青们不仅能干，而且会干，结合实践研究科学种田。1970 年，知青施伯昌被生产队培养为水稻技术员。1970 年 6 月，外

田头午餐（1975 年）

割稻子（1977 年）

三道沟生产队以知青为主成立了“青年突击队”。队员们早上 3 点起床，4 点出工，晚上 6 点 30 分收工。一般社员 5 点出工。

小麦种植面积占总耕地面积近一半。每年 4 月 20 日前后，使用东方红链轨式拖拉机拖着多功能播种机春播小麦。1970 年，在知青中培养了拖拉机驾驶员，在老农机员带领下能够独立完成驾驶、豁地、点籽、下肥、合垄等大田作业项目。

播种完小麦种玉米、大豆和土豆等农作物。使用拖拉机、马拉犁和耱耙等农具翻耕、耙地、起垄，播种靠人工。种玉米一般 4 人一组，车把式牵马拉犁耙，踩窝或刨坑一人，点种一人，撒肥盖土一人，后三项工作一般由女青年完成。每年 6 月中旬到 8 月是锄禾季节。到偏远的田地锄禾的时候，每人带上馒头、咸菜和水壶，由马车接送，有时候队里也安排马车由食堂人员送饭菜和水到田里。秋天，知青和社员一起收割大豆和小麦。由于机器留的茬子高，无法收割矮秆大豆，加上霜后的豆荚变得又干又脆，机器收割容易炸开豆荚，所以基本靠人工。每天每人定量完成收割 1.5 亩才算满分。

生产大队仅有 1 台“康拜因”（俄语译音，联合收割机），要统一调度给 3 个生产小队使用，村子里的 3 台“马神”（俄语译音，马拉的小型摇臂收割机，通过马拉带动装有刀具的多个机械臂转动）是收割小麦的主要农机具。除了机器收割外，经常需要依靠镰刀和钐刀进行人工劳作。钐刀一天一个人可以收割 4 ～ 5 亩。经过长期劳动锻炼，很多男知青成了打钐刀的高手，女知青几乎都成了捆麦子能手。

副业生产

生产队十分重视发展农副业生产，增加集体收入。知青参加的主要副业劳动是打石头、养牲畜、做木工、打铁、捕江鱼、烧砖窑、种西瓜、做粉条、做豆腐等。还广泛参与拉土方、运木材、捞木头、育木耳、种麻、打钐刀、打场脱粒、上山砍柴、冬天积肥、抗旱拉水车、大豆过秤、扛麻袋等劳动。经过村民和知青多年经营，生产队农副业生产得到长足发展。知青有文化、肯吃苦，还承担乡村教师、水稻技术员、拖拉机手、车把式、生产队保管员等工作。

打石头 1971年10月，知青顾立、李肇云等8人在上二公村等地打石头，每人每天12工分，即1.2个工。主要负责将大石头打碎，并用马车拉到公路旁，堆成大约2米×1米的梯形，出售给养路段，每立方米1元钱。

养牲畜 生产队畜牧养殖以猪、马、牛、羊为主，兼养禽类，其中马和牛是主要畜力，用于农业生产等。1969年开始养蜂，蜂场后来由村里迁至山上。在村里设立畜牧站，培养知青为畜牧技术人员，注重畜禽防疫工作，应用冻配技术进行畜禽品种改良。经过改良的种马，一匹售价可达5000余元，改良的黄牛重量近1吨。为发展壮大畜牧队，生产队积极培养畜牧人才，1972年，培养知青韩永明为兽医。1971年，在村里设

喂鹿（1976年）

立了牛奶坊，知青饲养员每天定时定量为村里儿童和老人提供鲜牛奶，同时供应知青食堂，按量收取现金，牛奶售价为每千克 0.2 元。1972 年，在远离外三道沟村的西面一座大山里，成立了畜牧队。畜牧队有马圈、鹿场和养蜂场。畜牧队人员由社员带领当地青年、上海和黑河知青组成。牧场建设就地取材，没有电，有两间土坯房供畜牧队人员住宿，生活必需品和劳动器具等需下山购置。20 世纪 70 年代初期，畜牧业初具规模，村里有大型马厩猪舍，猪、马、牛、羊成群。70 年代中期是生产队畜牧业蓬勃发展时期，实现了猪、马、牛、羊、鹿、蜂、禽同步发展。

做木工　打铁　农村木匠主要工作范围为盖房上梁，打造各种农具和家具，修理各种木制品。知青马翌新在当地木匠的培养下，刻苦钻研技术，逐步掌握木匠全部技能，帮助村民打家具时花样翻新，提高了生活品位。铁匠铺的工作主要是钉马掌和修理小型农器具，为知青和村民生活提供了便利。

捕江鱼　在每年夏秋季节，特别是大马哈鱼上溯产卵时期，队里组建捕鱼队。捕鱼队一般由 7 人组成，打鱼技术员叫网大，负责指挥收放网。中间有 5 人沿江逆流拉网，最后一人叫插拕，手拿一个丁字形连着网尾的木拕插在江边砂石上，像犁地一样随拉网人一起逆江而上，每次放下网到收网约一个小时。1974 年夏，知青宁永昌、毛仁昌等 5 人捕到一条约 3 米长的鳇鱼，被爱辉县收购。鳇鱼重 200 余千克，每千克 1 元，收入 200 余元，占人均年收入的 50%。

烧砖窑　1970 年 8 月下旬，大队烧砖备战，砖窑在靠近二道沟的公路西侧。由大队干部林汉春带队，3 个生产小队都派人参加，外三道沟生产队的部分知青与社员一起参加了制砖烧砖。

种西瓜　1975 年，生产队在村外靠近四道沟的公路西面，划了 5 亩沙土地试验种西瓜。成立了以车福元为组长的试种小组，从县里和其他地区请来技术人员到现场指导，试验成功。瓜种皮薄、甜度较高，个头不大。生产队规定社员可以到瓜地吃瓜，但不准携带出地。西瓜也提供给知青食堂，知青们也吃到了新鲜水果。

做粉条　生产队建有规模较大的粉坊。进村口东面第一排房是磨坊，第二排房西面是小队仓库，东面是粉坊和杀猪坊，粉坊约 60 平方米。做粉条和豆腐既有经济效益，又能改善社员生活。每年冬季，生产队会安排做粉条能手关常茂带领知青做粉条。村民可以按价购买粉条。经过学习，许多知青能够熟练地制作粉条。猪肉炖粉条成了村里每户人家过年必备佳肴，土豆粉条也成了上海知青每年过年回上海探亲必带的土特产。

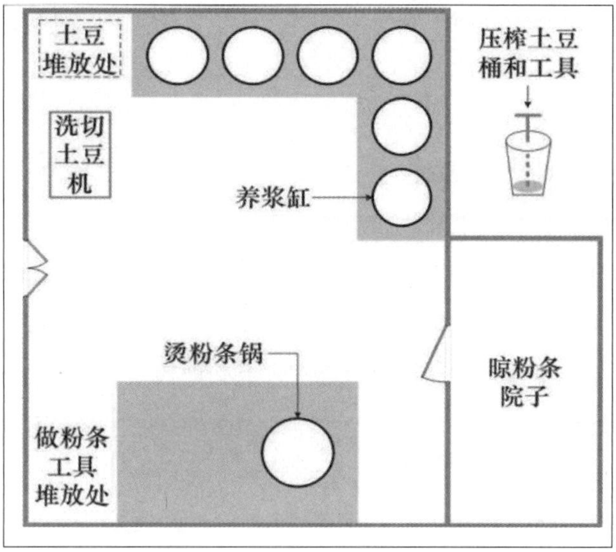

粉坊布局图

民工外派

知青是外三道沟生产队外派民工的生力军。虽然生活条件和劳动强度比在大队要艰辛，但可以预支生活费，并享受最高工分待遇。更重要是从小农经济的环境及氛围转化为半工业化的流水作业环境及氛围，更适合知青的工作习惯。

修建公路桥 1969年夏，外三道沟大队安排上海知青孙世滨、马翌新、卢宝祥、钱志明等，作为首批知青民工和社员一起参加了“古架子”修桥连，该桥是能负重60吨以上履带车的公路桥。修桥连民工大多数来自爱辉公社各大队的上海知青。修桥连实行半军事化管理，住的是长方形的军用帐篷，睡的是用树桩搭建、用稻草垫做的简易床，帐篷里安放两个大油桶烧柴取暖除湿。每日三餐定时供应，经常能吃到馒头和肉，比生产队知青食堂伙食好。工地劳动实行准时出工，准点收工的工作制。运石子、搬石块、拌水泥、砌桥墩，劳动强度比大田作业繁重。外三道沟大队知青敢挑重担，积极肯干，互帮互助，多次受到表扬，修桥任务顺利完成，所在班组被评选为先进班组。

修筑大罕公路 1970年，爱辉县在小兴安岭的森林密处修筑了一条长110千米、宽6.5米的大罕公路。公路从大岭穿越原始森林到罕达汽。筑路大军中有上海知青1000多人。外三道沟生产队共派出三批人员修筑公路。第一批有9名知青，其中知青李金年担任连队施工员，负责每天开工前的测量定位和质量监督。在李金年的带领下，外三道沟大队所在的班组齐心协力、同甘共苦，按时完成工地指派的任务。不久，李金年被领导调派到由西岗子公社组建的八连担任施工员，不仅负责施工测量定位和质量监管，还要负责对八连上海知青的管理。1972 年，生产队派出了第三批社员。毛仁昌被抽调到大罕公路指挥部担任施工管理员，负责路段监理。在荒无人烟的原始森林里，修路人穿林海，过沼泽，伐树木，挖草皮，铺路基，通水沟，用大磙子代替压路机；在林中搭帐篷住宿，经常被蚊子、瞎虻、蠓（俗称“小咬”）、蜱虫（俗称“草爬子”）等叮咬；每人每月供给粮食 22.5 千克，每餐吃馒头、咸菜、面糊，没有蔬菜，没有油，有时咸菜也无法保证供应；生活用水是草丛里塔头墩子间的“锈水、死水”，挑到食堂，撒入明矾沉淀才能使用。高强度的劳作已近生理极限，加上物质的匮乏，还要受到出血热和痢疾等疾病的威胁，条件非常艰苦。1970—1972 年，历时 3 年完成了这项艰巨的任务。爱辉县委书记吴隆洲在验收会上竖起大拇指说：“上海青年真是好样的！”

维护维修宋集屯水库　1970 年末，公社规定凡是使用西岗子宋集屯水库的水，用于农田灌溉种植水稻的生产队，每年冬季要派出民工对宋集屯水库进行维护维修。外三道沟生产队组织了 40 余人，由知青张刚和刘怀珍带领到了宋集屯，住在当地社员家里。为了御寒，每天清晨张刚带领知青和当地青年军训、跑步。早上天寒地冻，只能打眼放炮，把土层炸松，边刨边清理，这样进度比先前快很多。宁永昌和两个女知青负责做饭和送午饭。经过十几天的艰苦奋战，终于完成任务。

西岗子采石　1973 年 11 月初，生产队安排知青毛仁昌到西岗子采石点理顺工作，准备下年初春公社摊派修渠所需的石料。

支援开荒　1974 年，爱辉县为筹建西峰山公社，从爱辉公社各大队抽调人员和拖拉机组成以知青为主的垦荒队前去支援开荒，由外二道沟的队长张惠清和外三道沟知青黄心民率队。虽然生活艰苦，但是大家干劲十足。

卧牛河修路　1976 年，爱辉公社抽调 27 个生产队的人员组成一个连队，在黑河北面卧牛河修路。外三道沟知青龚树东任伙食长，负责采购、管理账目、后勤保障工作。

戍卫边疆　1969 年 3 月，珍宝岛自卫反击战爆发，激发了全国人民的爱国主义热情。知青选择到中苏边境的黑龙江外三道沟插队落户，接受贫下中农再教育、保卫边疆是他们的初心和使命，民兵生活更是一段重要的经历。

外三道沟大队民兵连连部设在村西大队机耕队院落内，下设 3 个基干民兵排，3 个武装班，分设在 3 个生产队，连长先后由大队党支部委员富胜福和黄心民担任，副连长兼武装民兵排排长由车福荣担任，知青孙世滨担任武装班班长。外三道沟生产队武装班

站岗放哨（1970 年）

骑马巡逻（1970 年）

民兵训练（1970 年）

射击训练（1971 年）

宿舍在村小学校舍最西侧一间，1970 年迁至北侧知青宿舍中间。武器配备有冲锋枪、手榴弹等。经过考察，1969 年第一批加入武装民兵的知青有艾金保、马翌新、张建华、孙世滨 4 人，艾金保任机枪弹药手。1970 年 1 月，李金年加入武装基干民兵，后周雪明、黎祖康、顾立、毛仁昌等成为武装民兵。1969 年初夏，张刚等部分知青被选送参加公社基干民兵培训，回来后协助富胜福等当地民兵骨干，利用早起晚休和劳动间隙，对外三道沟知青进行民兵常规整训。1969 年夏开始，民兵连不定期不定时组织民兵包括所有知青进行夜间战备演练。安排知青沿岸挖掘战壕，白天岗楼站岗，夜间通宵巡逻。通宵巡逻一般由武装民兵和非武装知青民兵搭配进行。有时由非武装知青民兵来担任，发现情况立即通知武装民兵值班人员。参加过夜间巡逻的民兵知青有卢永平、龚树东、曹建生等。武装民兵除了利用农闲进行必要的集中训练以外，主要是进行轮值通宵巡逻，夜间江边设置暗哨（作为出工），对出现在江边的任何人员和异常情况都要进行认真询查。

1970 年，公社召开民兵工作会议，知青代表汇报了外三道沟组织武装民兵训练的成效。1971 年冬，武装民兵孙世滨、周雪明等先后被派往黑河军分区组建的某武装民兵队，进行为期半年的集中轮训。

知青也参加岗楼站岗。外三道沟江边建有一座高约 10 米的岗楼。站岗时每人 1 小时，两人轮换。岗楼站岗很艰苦，冬天站岗要忍受严寒，穿着大棉袄都浑身冻透，有时冻得连望远镜也拿不住。夏天，需要经常在岗楼外巡查，为了不影响视线，禁止戴草帽、墨镜和打伞。

◉ 建立深厚情谊

知青在外三道沟的艰苦生活中，得到村民们无微不至的关怀。外三道沟生产队对知青热情接纳，热心培养，耐心指导，帮助他们兴建宿舍，创办食堂，发展副业，种好园田地，支持知青开展业余文体活动。知青与村民之间、知青之间互帮互助，团结一心，建立了深厚的友谊。

农家寄宿 第一批上海知青来到外三道沟村，被安排到 6 户村民家中，房东对知青关怀备至。一般村民家中 4 ~ 7 口人，加上 3 ~ 6 名知青，睡在南北炕上，一铺炕睡 6 人，虽然十分拥挤，但格外和睦。知青们抢着挑水、劈柴、打扫卫生，和村民亲如一家。知青利用所学文化，为房东孩子辅导作业，帮助设计防空洞样式，利用早晚时间帮助挖防空洞。

共度春节 1970 年春节，知青们都没有回家。社员们按照生产队的安排纷纷把知青接到自己家中过春节。1971 年除夕，村领导组织没有回家的知青在知青食堂聚餐，由大厨宁永昌掌勺，5 人一桌，每桌 6 个菜。活动增进了知青彼此间的友情，慰藉了知青们的思乡之情。此后每年春节，生产队领导都组织没有回家过春节的知青聚餐，欢度春节。黑龙江农村有冬天集体包饺子的习俗，每到春节前夕，知青和村民一起包饺子，其乐融融。

走访慰问 在知青下乡期间，外三道沟村的干部就开始到上海走访慰问知青家庭。

1974 年，村党支部书记王树林到上海看望黄心民等知青家庭。1975 年，村党支部书记林汉春到上海走访看望蔡敏、毛仁昌、黄心民等家庭。之后，不断有爱辉县和生产队的领导到上海走访慰问知青家庭。

互帮互助 知青们有困难，村领导尽最大能力给予帮助。大米没了，可以向生产队借。没有柴火，可以去王树林书记家拿。

知青冬天在岗楼上放哨时，西北风裹挟着雪粒呼啸着冻麻手脚，附近的几户人家，是取暖休憩的地方。知青轮换着去老乡家温暖的炕上坐坐，喝上一口老乡家热乎乎的开水，顺便吃上一口从知青食堂带来的干粮，在熊熊燃烧的炉子旁烤烤湿了的鞋垫。

1970 年 8 月的一天晚上，知青秦淑芬突发急性阑尾炎，疼痛难忍。村民们和 8 位知青立刻用桦木杆做了一副担架，冒着生命危险，抬着担架走了 20 多千米山路，连夜将秦淑芬送往医院。下山的时候，遇到了狼，人与狼僵持了好久，狼见人多，又有火把，才慢慢退却。

1970 年年末，在宋集屯水库修水渠，张刚等人为了抓紧进度，连夜去找水库办公室当班的工作人员，询问外三道沟生产队抢修渠道的具体位置。途中，张刚不慎跌入深水渠。同行的刘怀珍队长和卢宝祥等人急忙把昏迷的张刚抬了上来，紧急送到离水库最近的西岗子部队卫生所做简单处理。天亮后送到西岗子军分区医院，后转至黑河医院。在住院期间，生产队派上海干部秦荣祺和知青卢宝祥前去护理。秦荣祺到医院后，为感谢医院的救治，不仅做护工，还擦窗，做勤杂工。十几天后张刚回生产队，但不能挪步，不能弯腰。房东大娘姚凤兰带张刚到黑河，找到会正骨推拿的赵石凤进行治疗，最终张刚被治愈。

知青丁胜华在外三道沟村插队期间担任养鹿饲养员。一天，一只母鹿产子，丁胜华捡拾掉到地上的胎盘时，母鹿突然疯狂起来，把她掀翻在地，丁胜华的手受了重伤。黑河知青胡春霞等人连夜用马车把丁胜华送到医院。

安家落户 外三道沟村知青之间在朝夕相处的生活中加深了彼此感情，共 16 对结为夫妻。其中，黑河知青 5 对，上海知青 11 对。1972 年，上海知青史瑞娟与当地青年关文强结婚。1975 年 3 月，上海知青夏萍与生产队队长刘怀珍结婚。1978 年，《黑龙江日报》采访了史瑞娟，报道题为《南雁北安家》。2018 年 12 月 27 日，这两对夫妻接受了知青周路明的采访，采访实录被黑河知青博物馆收藏。

◉ 奉献青春韶华

知识青年上山下乡，是特殊的历史为一代青年铺就的一条特殊道路。在这条道路上，部分知青在外三道沟村留下了不可磨灭的足迹，奉献了青春韶华。

输入文明 知青将城市文明带到外三道沟村。村民在和知青朝夕相处中，也学会了像知青一样养成讲卫生的良好习惯，学会了做时尚的服装样式。知青们还和村民一起清扫街道、修筑公路、修整排水沟。村民们的精神面貌焕然一新，村容村貌也得到了改善。

科学种田 知青来到外三道沟村，面对农业上广种薄收落后的生产方式，希望能以自己微薄的知识来改变这一状况。

知青黄心民和当地青年关月丽废寝忘食，走遍生产队的所有田地，画出了外三道沟村第一张地块示意图，摸清了家底，也掌握了各块田地的土质情况，受到生产队领导的赞扬。1970 年，马建被派到公社学习人工种植长白山人参。从学习班回到队里后，马建在老乡的帮助下，选了公路旁的一条小河边上，一块一亩大小、狭长的朝北坡地作为长白山人参试验田，但以失败告终。当年初，根据县、公社的要求，大队组织了科学种田小组，外三道沟生产队的成员有黄心民、关月丽，并增加了农业技术员一职。生产队还拨了一块位于公路旁的边角地，作为科学试验田。春耕时，黄心民带领村民种植小麦时全部使用进口复合肥，把仓库里囤积的氮肥都用在玉米地上。玉米出苗追肥时，科学合理使用化肥，避免烧坏秧苗。同年秋，

知青在试验田里播种（1976 年春）

小麦和大豆获得丰收。生产队的主要收入来自农业，年终分红，每个劳动日值达到 1.2 元，比上年增长 50%。自此，生产队进一步扩大了化肥的使用范围。

1971 年，为了改善种子退化问题，黄心民从上海捎来了大粒麦种（是一般小麦种子的两倍长），并用一支试管的大粒麦种到黑河地区农科所换了几支试管的不同麦种。用每一试管种子种了一垄地。一年后，每一种小麦能种一小块地。为了培育出优良品种，给小麦人工授粉。秋季，通过测千粒重筛选出适宜当地种植的品种。1973 年，选出的优良品种种植范围扩大到一垧多。1974 年，种植范围扩大到十余垧地，小麦良种基本可以自给自足。除了小麦，还培育了玉米等良种。因杂交玉米产量高，进行了玉米杂交试验。

1974 年以后，购买引进的和自己培育的种子，使队里的粮食全面良种化，粮食产量进一步增长，提高了收入。

1977 年，生产队在离村口不远的公路西侧划出约 10 亩地，用于推进玉米科学种田试验，知青张根福任组长。在农校读书的毛仁昌利用所学知识，对试验田科学取点测算，使玉米收成明显提高。

发展经济 知青的到来，使外三道沟村的生产力得到极大提升。生产队开荒种地，不仅扩大了种植面积，收入也有了大幅提高。1969 年，上海知青刚到时，外三道沟的生产力和收入水平仅处于爱辉公社中等偏下的水平，每个劳动日值只有 0.8 元。公社派王树林任大队的党支部书记，以车福元为代表的生产队领导班子确立后，充分发挥知青的作用，知青从生力军变成了主力军，外三道沟的生产力得到了长足的发展。十年里，大力开荒，消灭了撂荒地，通过化肥化、良种化、机械化，粮食产量突飞猛进。同时，大力发展副业，外三道沟的经济进入良性循环，集体积累不断增加，收入水平位居全公社前列。

1972 年，知青用工总数是 17000 分，其中知青自己分摊 10000 分，生产队分摊 6000 分，大队分摊 1000 分；1973 年，知青用工总数也是 17000 分，其中知青自己分摊 8500 分，生产队分摊 7500 分，大队分摊 1000 分；在受灾的情况下，1972 年生产队、大队合计分摊 7000 分，1973 年生产队、大队合计分摊 8500 分，知青用工的分摊比例从 1972 年的 41.17% 上升到 1973 年的 50%。

1971 年，粮食总产量 487.33 吨，比 1970 年增产 31.6%，劳动日值进一步提高达到 1.8 元，再次提高 50%。外三道沟生产队的劳动日值两年内提高 125%。1973 年，耕地面积达 6960 亩，比 1971 年增加 12%，为以后的农业发展奠定了基础。1974 年春旱，生产队组织知青和社员从江里取水到前崴子玉米地浇水，取得了抗旱的胜利。1974 年以后，农

赶马车（1970 年）

业收入上了一个台阶，夺取了空前的好收成，粮食总产量达到 735.3 吨，比上年增长 1.4 倍，上缴国家粮食 456.36 吨，比上年增长 3.3 倍。不仅储足了自备粮，而且一次性补齐动用的国家代储备粮 250 吨。此外，除了增加化肥使用外，根据科学种田小组建议，农业种子通过引进和自己试验田的培育已经全面良种化。农业收入增加，劳动日值达到 2 元，外三道沟生产队从公社的中等偏下提高到较前列的地位。

知青们不仅活跃在大田里，生产队的各行各业里都有他们的身影。知青中有钐刀手、车把式、拖拉机手、兽医、农业技术员、木匠、铁匠、磨坊操作工、炊事员、司务长，有的在江里打鱼、捞木头，有的在粉坊做粉条、做豆腐，有的在畜牧队里养马、养鹿、养猪、养羊、养蜜蜂，有的做了乡村教师、赤脚医生、供销社店员，生产队会计、出纳员、记工员、保管员，还有的被外派到县里的大项目工地修桥、筑路、开荒等。知青们为外三道沟的发展，为爱辉县的建设做出了重要贡献。他们不畏艰难、无私奉献、艰苦创业的献身精神和奋斗业绩，在历史上留下了不可磨灭的一页。

1972 年春，生产队虽遭受了涝灾，但当年的副业收入和其他收入却有很大的提高。洪水暴发，黑龙江里有很多漂流的木头，生产队组织捕鱼、捞木头，知青们踊跃参与，增加了经济收入。另外，占当年卖马收入 80% 的 23200 元用于分配，所以，当年虽然遭受到自然灾害，但社员的劳动日值和人均收入并没有下降，劳动日值为 1.7 元。

锻炼成长 大队党支部书记王树林常深入知青当中了解情况，和知青交友，促膝交谈。张刚因各方面表现突出，被委任为知青点负责人。张刚和裘云珍进入生产队领导班子。

在外三道沟被吸收入党的有4人：张刚、裘云珍、黄心民、张根福。加入共青团的有24人：裘云珍、艾金保、祝越光、孙世滨、裘云仙、邢祥蓂、马翌新、张根福、毛仁昌、虞海南、蔡敏、崔为芳、黄永平、张琦、白延东、杨荣明、马建、顾立、李肇云、郝名治、王秀英、黎祖康、庄晓芬、胡春霞。

1970年年初，张刚被评为爱辉县活学活用毛选积极分子。1972年，毛仁昌、崔为芳等知青被公社评为劳动模范。

1974年6月，爱辉县召开知识青年先进集体个人代表大会。8月5日，黑龙江省召开上山下乡知识青年积极分子代表大会。两次会议均有外三道沟村知青代表出席，并先后被评为爱辉县先进集体和黑龙江省先进集体。

1971—1979年，先后被评为小队劳模的有18人：张刚、李金年、艾金保、卢宝祥、金裕兵、孙世滨、裘云珍、夏萍、邢祥蓂、白延东、顾立、杨荣明、张根福、吴汉民、毛仁昌、蔡敏、崔为芳、曹建生。

在各级组织培养下，知青逐步被委以重任，发挥更大作用。先后进入外三道沟生产大队和生产队两级领导班子。生产大队党支部委员：张刚、黄心民；生产大队党支部副书记：张根福；生产大队民兵连长：黄心民；生产大队团总支书记：张刚、黄心民、白延东。生产队团支部书记：夏萍、毛仁昌；生产大队队委：毛仁昌；生产大队队长：白延东；生产队副队长：张刚、白延东、张根福；生产队队委：裘云珍、夏萍、毛仁昌、杨荣明、李肇云。

政治学习 生产队根据国内政治形势和农事情况，经常利用晚上或雨天召开会议，评定工分、安排生产等。除参加生产队的会议外，知青集体也经常组织学习，读报刊社论，传达上级的通知，学习毛主席语录，学习上山下乡中出现的英雄人物事迹，如金训华、上海黄山茶林场11烈士、蒋美华等，有时“忆苦思甜”、畅谈接受再教育体会。自1971年秋，上海干部卢积才每个月用几个晚上给生产队申请入团和入党的积极分子讲课，每次在知青食堂授课一个半小时左右。讲授党史、政治哲学、国内外形势等内容。知青裘云珍、黄心民、夏萍、白延东、毛仁昌、蔡敏、张根福等先后参加过讲座。

文娱活动 知青们积极开展各类文体活动，唱歌、拉琴、下棋、游泳、球类比赛、排演戏剧等，既丰富了业余文化生活，又与村民加深了友情，留下了美好的回忆。1970 年春节是上海知青在外三道沟村的第一个春节。得知村里每逢过年都有排戏的习俗后，知青居福林带着女知青们排演了《大刀舞》，从此外三道沟知青开始参与排演戏剧。1971 年底临近春节，队里决定排练评剧《红嫂》，知青崔为芳任导演。春节期间，多次演出大获成功。消息传出后，演出队被邀请到各地演出。1974 年春节前，知青毛仁昌组织协调排练话剧《艳阳天》，得到了大队领导林汉春和生产队领导车福元等人的大力支持。大队派人到黑河话剧团学习，支出 300 元添置了一些道具、乐器、服装和化妆品。大队党支部书记林汉春担任主演，黄心民做幕后工作。演出成功后，多次受邀到公社大礼堂、各大队巡回演出。

黑河知青来到外三道沟后，成了文艺演出的主角。1975 年秋，外三道沟知青和社员与黑河师范艺术班师生在外三道沟小学礼堂联袂演出文艺节目。1977 年，他们与当地文艺青年一起演出了歌剧《洪湖赤卫队》，1978 年演出了歌剧《江姐》，1979 年演出了歌剧《野火春风斗古城》。三大剧的组织者有文艺爱好者杨树景、富胜福和关常茂等。由木匠出身的肖汉臣与村里的木匠一起做道具。排练演出期间，生产队长车福元给予了大力支持，为排演出优秀作品，组织演出人员到黑河观摩文工团的演出。为了排练演出，黑河知青舍弃了春节假期。

体育活动 1970 年 7 月 16 日是毛泽东畅游长江纪念日，知青们在外四道沟开展畅游黑龙江活动。在黑龙江边的沙滩上，大家排好队，庄严宣誓。为保证安全，生产队派一只小船护送。行程是沿黑龙江外四道沟游到外二道沟。

知青宿舍广场上设有篮球架，食堂里设有乒乓球桌案，为知青提供了运动场所。生产队每年都选派知青参加公社、县里举办的运动会。为了能取得好成绩，生产队提前安排时间让运动员训练。在公社举办的运动会上，生产队每年都获得集体前三名。1973 年 4 月，爱辉公社举办春季运动会，在生产队长车福元的鼓励下，曾是上海市青少年体育运动学校小学部学生的裘云仙，报名参加了跳高和跳远比赛，取得优异成绩。5 月，裘云仙代表爱辉公社参加爱辉县的春季运动会，获得跳高第一名和跳远第三名。她的出色成绩得到齐齐哈尔师范学院体育系招生老师的关注，在文化考试合格后，被提前特招录取。

见义勇为 1969 年秋，村里一名孕妇大出血，急需输血，知青张刚、夏萍、马翌新、黄心民等人闻讯立即赶往现场献血。转送医院后，孕妇病危，鲜血再次告急，知青孙世滨等人赶去黑河医院献血。知青们挽救了孕妇的生命。

1969 年末，民兵在连部炒制土制炸药不慎引起大火，正在食堂吃饭的知青们听到喊声迅速冲向火场救火。知青张刚因急于救火不慎冻伤了耳朵，村民立即用雪揉搓耳朵救治，使其慢慢恢复正常。大火造成财产损失惨重，连部西侧大队卫生所的药品和屋顶天棚上存放的大队历年账本全都付之一炬。看到大队卫生所遭受如此大的损失，一些知青将零用钱捐给大队，大队领导婉言谢绝。

1971 年 10 月，生产队到上二公村打石头。炸石头用的是土制炸药，用硝铵、锯末子、柴油混合烘炒而成，安全系数较低。有一天，点完导火索，四炮只响了三炮，等了 20 分钟仍未作响。知青李金年见状自告奋勇跳出躲炮点去处理哑炮。他头顶棉袄冲向点炮点，但就在距离炮眼不远处时，哑炮突然炸响，炸飞的碎石落了一身，他与死神擦肩而过。

1976 年初春烧荒时，知青白延东带领一批人打防火道。火道还没打好，有人却已先点火了，导致树林着火。白延东见状立即组织大家进行扑救。火势发展迅猛，冲在前面的白延东被烧伤，但他仍然坚持带领大家奋勇扑火，最终林子保住了。白延东的脸却布满了水疱，面部肿胀，乡亲们送来了黑药膏、獾子油，生产队安排当过赤脚医生的鄂亚奎脱产全力照顾，几个月后白延东痊愈。

1976 年 6 月的一天中午，村里机耕队失火。听到广播救火的喊声，村民提着水桶，拿着脸盆纷纷朝机车库跑去。在寝室午休的知青闻讯冲向只有一路之隔的机耕队。上海知青张根福、吕蔚东跑在最前面，张根福见找不到梯子，就滚来一个铁桶，黑河知青冯悦利找来一根桦木，在大家的协助下，把桦木搭在铁桶与房梁之间。张根福率先与随后的上海知青吕蔚东、曹建生、白延东和黑河知青冯悦利、张伟嘉、许顺年等十来人，奋不顾身爬上机车库顶棚。顶棚里面浓烟滚滚，没进去几步就被呛了出来。张根福等人用“拔路”（起钉子工具）揭开多张已发红的石棉瓦排烟，并找到着火点。冯悦利用镰刀割断了电线，避免出现严重的后果。上海知青吕蔚东不停地在麦芠子上打滚灭火。同时，其他知青和社员们从井边到机库排成一条长队，把一桶桶、一盆盆的水传递到机车库房上。顶棚上的人接过传递上来的水奋力泼在熊熊燃烧的火焰上。这时有人发现机库里面还有两桶油，上海知青艾金保第一个冲进了机车库和几个农机手一起把已经发烫的油桶推了出来，避免了一场更大的灾难。大家齐心协力把着火冒烟的麦芠子往下掀，直到把着火的木顶板彻底浇湿不冒烟为止。在全体知青和社员们的奋力扑救下，机车库的大火被扑灭了，保住了集体的财产。当晚，林汉春书记专程到知青点向大家致谢。事后经查是电器线路出问题，点燃了房顶保温用的小麦芟子，为此大队部专门进行了整改。

1976 年 10 月初，村里修路，生产队组织车队到江边拉沙子。收工时，车明华赶着一辆马车，拉着一车沙子，在上坡途中停了下来。虽用鞭子抽打，马车却节节后退。江坡陡直，转眼马车与马已退到江水中，江水湍急，瞬间只有马头还露出江面。带领着大家一起拉沙的车队长知青杨荣明立刻跳入江中，快速游到马前，紧紧拽住车把。把马肚带和夹板解开。马挣脱出来，游向岸边。杨荣明拉着车上的绳索潜入水下，抽出后箱板，将整车沙子都卸在了江中。马车逐渐浮出水面，他匍匐在上面，将岸边甩过来的绳索绑住马车，最终人和马车都被拉上了岸。

1977 年初冬，村民孙国民因脾脏破裂需要手术，急需输血。十余名知青在车福元的带领下，前往黑河医院献血。手术很成功，孙国民得救。参与救助者有村民关常茂、杨树华、刘国凡、宋怀学，黑河知青赵彬等人。献血报名者还有黑河知青许顺年、杨克勇、黄杰等人。

外三道沟村知青与村民合影（1973 年）

外三道沟村部分知青在知青集体宿舍前合影（一）（1973 年）

外三道沟村部分知青在知青集体宿舍前合影（二）（1973 年）

外三道沟村部分女知青在知青集体宿舍前合影（1973 年）

外三道沟村部分女知青在知青集体宿舍前篮球场上留影（1976 年）

知青返城　1976 年以后知青陆续返城。根据中央“调整知青政策，逐步缩小上山下乡的范围，今后不再搞插队”的精神，已上山下乡的未婚知青也陆续返回城镇，上海知青大部分返回上海。外三道沟村知青因入学、参军、招工等原因陆续返城，离开外三道沟村。至 1980 年初，107 名知青中，被推荐或考录读大学 14 人，因招工返城 21 人，参军 3 人，转迁 10 人，政策返城 57 人，与当地青年结婚成家 2 人。同年初，外三道沟知青点撤销。

◉ 再续知青情结

知青们返城后继续书写着多彩的人生，有的成为医生、教师、工人、公务员，有的自主创业。他们中间的优秀代表有曾任第九届、第十届上海市政协委员、创立上海高博特公司的董事长张刚，有为先进的实时自适应交通信号控制系统做出贡献的全国五一劳动奖章获得者顾立，有两次在黑龙江里救人的李金年，有多次见义勇为、献出了宝贵生命的朱成江……他们传承和发扬在外三道沟村下乡时的艰苦奋斗精神，在各地各自岗位上发光发热。多年来，知青们从没忘记第二故乡，经常给乡亲们写信，与外三道沟村的乡亲们亲切互访，再续知青情结。

2009 年，知青回访外三道沟村时在老房东旧居前合影。左起：王志强（村党支部书记）、周秉和（周恩来侄子）、蒋美华、马昌运（中国知青网版主）、侯隽、张刚、董家耕

1999 年 8 月，上海知青回访外三道沟村看望老乡

知青回访 知青大规模回访外三道沟村始于 1995 年，延续至今。1995—2019 年知青回访外三道沟村共 11 次。1995 年 7 月，黑河知青第一次回外三道沟村聚会。1999 年 8 月，上海知青为纪念下乡 30 周年，26 人回访外三道沟村。2005 年，黑河知青回访外三道沟村。2006 年 7 月 29 日至 8 月 7 日，上海知青一行 13 人回访外三道沟村，并参加知青博物馆奠基典礼，为知青博物馆捐款。2009 年 8 月，上海知青为纪念下乡 40 周年，一行 26 人回访外三道沟村，并参加知青博物馆开馆典礼。2011 年 1 月，上海知青张刚等一行 5 人回访外三道沟村。

2006 年，知青回访座谈会

2006 年，上海知青回访外三道沟村

2006 年，知青祭奠老队长、老房东

2006 年，乡亲们欢迎回访知青

2012年8月18—25日，上海知青张刚等一行14人和10位曾在其他地区下乡的知青组成回访团四回外三道沟村，看望外三道沟村民并参加首届中国知青文化活动周活动。8月19日，回访团受到村民和黑河知青的热烈欢迎。在村民家中举行了欢迎午宴。下午，在社区服务中心与老社员座谈，参会人员在T恤衫上互相签名留念。傍晚，观看村民文艺演出。8月20日，回访团为已去世的老队长车文忠，老房东杨纯亮、姚凤兰、刘士山、张学文，老大队党支部书记林汉春，村民宁永昌等人扫墓。8月21日，回访团参加首届中国知青文化活动周开幕式，为活动做志愿服务，并观看篝火晚会。8月22日，在黑河友谊宫观看上海知青艺术团演出。

2012年8月，外三道沟村乡亲与上海知青文艺联欢会合影

2012年，外三道沟村民欢迎上海知青参加首届知青文化周开幕式暨“梦回青春之旅”

2014 年 9 月，外三道沟村党支部书记王志强邀请黑河知青回村参加庆祝重阳节活动。2015 年 8 月，上海知青及家属一行 66 人回访外三道沟村。2019 年 7 月，上海知青下乡 50 周年，上海知青一行 20 人回访外三道沟村。

2019 年 8 月，当年排演“三大剧”（《江姐》《野火春风斗古城》《洪湖赤卫队》）剧组的黑河知青和参演村民在黑河相聚。

每次大型知青回村探亲活动，都是外三道沟村的大事，全村上下热闹欢腾，敲锣打鼓，张灯结彩，就像过重大节日。有的村民早早开车到机场、火车站迎接；知青乘坐游船从黑河到瑷珲，途经外三道沟村时，岸边的乡亲拉着长长的欢迎横幅，敲锣打鼓，高声呐喊，与游船上挥舞双手的知青遥相呼应。船行至瑷珲镇，从外三道沟村赶来

2012 年，知青回访演出

2012 年，知青与村民合影

的乡亲，早已在码头边等候多时。知青们到达外三道沟村，与守候在村口的乡亲们热情拥抱、握手和问候，很多人流下了激动的泪水。乡亲们举办欢迎会和宴会，进行欢迎演出。知青们被乡亲接到家里居住，大家促膝长谈。每次回村，知青们都要坐着拖拉机到农田地头转一转，到已过世的父老乡亲墓前祭拜。探亲活动结束后，乡亲们拉着知青的手，依依不舍地送到村口，并派代表开车到机场、火车站送别。

2012 年，外三道沟村村民与回访上海知青座谈

2015 年，知青回访演出

2019 年，原爱辉县上海知青在黑河市体育馆合影

村民访沪 上海知青多次邀请村民到上海观看世博会、游览，互动频繁，往来密切。2005—2018年，上海知青邀请外三道沟村民游览上海等地5次、87人次。

2005年10月，张刚邀请外三道沟村民车福元等一行21人到上海旅游观光。

2010年5月27日至6月4日，受上海知青邀请，外三道沟村民和黑河知青组成参观团，赴上海观看世博会。张刚等人对此次活动有关事宜做出精心部署和周密安排。5月27日，外三道沟村25名老乡和9名黑河知青共34人，乘车抵达上海新客站。等候在出口的上海知青，拉起横幅“欢迎黑龙江外三道沟乡亲看世博”欢迎远道而来的客人。大家见面非常激动，相互拥抱，握手问候，合影留下珍贵的瞬间。傍晚，村民和黑河知青乘车观看上海外滩和世博园夜景。5月28日，参观团游览人民广场、人民公园、上海博物馆、城市规划馆、南京路步行街。当晚，上海知青设宴欢迎外三道沟老乡和黑河知青。5月29日，赴无锡一日游。5月30日，参观团与上海知青一起游览上海影视乐园、松江新城泰晤士小镇和七宝老街，晚上乘车看夜景。5月31日至6月1日，参观团在上海知青的陪同下，参观2010上海世博会。6月2日，赴杭州一日游。6月3日，外三道沟老乡和黑河知青在上海知青周雪明、孙世滨和陈秀英等人的陪同下，游览环球金融中心、外滩和豫园。晚上，上海知青设宴欢送参观团。6月4日，参观团返程。

2010年，上海知青在火车站迎接外三道沟村民

2010 年，外三道沟村民在上海外滩游览

2010 年，外三道沟村民参观中国馆

2010 年，外三道沟村民游览东方明珠塔

2018 年，外三道沟村民游览迪士尼乐园

2011 年 3 月，上海知青张刚邀请爱辉镇党委书记李茂铎、外三道沟村党支部书记王志强和村委会主任王宝巨考察上海清美绿色食品有限公司，商谈投资合作事宜并游览上海。

2013 年 1 月，张刚等 20 余人欢迎并接待爱辉镇党委书记王臣、镇长王伟、外三道沟村党支部书记王志强和村委会主任王宝巨等一行。2018 年 5 月，张刚再次邀请外三道沟村王志强等一行 9 人到上海游览迪士尼乐园等处。

附：参观上海世博会邀请函

尊敬的外三道沟乡亲和黑河知青：

大家好！去年 8 月我们回到外三道沟村，受到乡亲们的盛情款待，短暂的欢聚，使我们更加珍惜在外三道沟村度过的日日夜夜。今天，虽然我们各居一方，但是我们仍一如既往深情地眷念和关注着彼此！光阴荏苒，转眼到了南方柳絮飘逸，春暖花开的季节。

在举世瞩目、殷切期盼中，“城市，让生活更美好”的上海世博会，已气势磅礴、风姿绰约地走来，这是一次千载难逢、大开眼界的好机会。因此我们热忱邀请大家，来看看上海世博会。

踏遍青山人未老，风景这边独好。

按照我们之前在外三道沟村时的约定，除往返路费大家自付外，在上海的费用均由我们上海知青承担。

外三道沟乡亲和黑河知青看世博的活动时间，初步定于2010年6月5—13日。

建议名单和活动日程见附件。

希望在2010年3月31日前把确定名单告诉我们，以便组织安排。

致以

全体上海知青的敬礼

邀请人：外三道沟上海知青

2010年3月20日

寻找恩人 1971年，知青张刚带领十几名社员到西岗子修水库时摔下山崖，脊柱及腰部被摔伤，不能下地干农活，一个月之后仍不见好转。他心急如焚，格外沮丧。房东姚大娘带着他到黑河寻访到绰号“小媳妇”的推拿按摩师傅。经过几次治疗，最终治好了张刚的腰伤。“小媳妇”治病救人，不图回报，因张刚是知青，没有收过他一分钱。张刚病愈后看望过“小媳妇”几次，但1973年被推荐回上海读大学之后，就失去了联系。此后张刚多次来到黑河寻找“小媳妇”，却没有找到。2014年2月，黑河知青博物馆馆长刘树新得知此事，转托中央电视台《等着我》节目组帮助寻找。在节目组的相助下，张刚在节目录制现场见到了苦寻多年的恩人赵石凤。

◉ 助推乡村建设

建言献策 2019年，知青张刚邀请土壤修复专家到外三道沟村进行土壤修复实验，并取得成功，展示了微生物修复技术和前景。上海知青黄心民撰写《外三道沟未来发展战

1999 年，上海知青回访外三道沟村时现场为留守知青子女上大学捐款

略的探讨和建议》，为外三道沟村未来发展建言献策。上海知青回访团在外三道沟村，与村党支部、村委会一起组织召开发展外三道沟集体经济专题研讨会，共商发展大计。

帮助村民子女务工 根据外三道沟村村民希望子女到上海开阔眼界、学习技术的意愿，在知青张刚倡导下，外三道沟村村民子女共 6 人分别于 2010 年 7 月 10 日和 8 月 3 日先后被知青钱志明介绍到上海合升机械有限公司务工，从事数控车床和加工中心技术岗位工作。他们享受实习生待遇，公司统一安排集体宿舍，供应工作餐，实习工资不低于每月 2500 元。由于虚心好学，吃苦耐劳，获得了公司好评，先后提前转正，月均工资提高到 4000 ～ 5500 元。

捐资助学 1999 年 8 月，上海知青回访外三道沟期间，在黑龙江游船上得知，船上有一名仍然留守黑河外四道沟村的知青，其女考上了南京气象学院，但是一时凑不齐学费。外三道沟村知青和爱辉公社其他知青现场发起捐款活动，共捐助 4000 多元。

改善村容村貌 2007 年，外三道沟村 4000 米的砂石路需要升级改造成水泥路面。以政府投入为主，需要村自筹 8 万元。村里经济拮据，村集体只自筹到 4 万元。得知情况后，张刚迅速组织上海知青召开两次专题会议研究捐款事宜。最终，60 余名知青共捐款 4 万元，其中张刚捐款 3 万元，顺利完成砂石路升级改造。知青返城后，多数人做了工人，经历了下岗再就业，经济并不富裕，但是他们为改善外三道沟村村容村貌，纷纷慷慨解囊。外三道沟村感动于他们的行为，将中央街命名为“知青街”。

2013 年，上海知青聘请上海大学美术学院教授滕亚林设计赋予上海石库门元素与东北原住民房木刻楞风格元素的外三道沟村门楼。上海著名书法家周京生题字“中国北疆知青第一村”，成为该村地标性建筑。

助力文化发展 2009 年 8 月，知青回到爱辉镇参加黑河知青博物馆开馆典礼。爱辉上海知青联谊会为爱辉镇中心学校捐赠图书百余册、教学用大型地球仪 1 个，并捐款 5000 元，用于购置体育用品。自 2009 年起，上海知青多次为外三道沟村捐赠图书。随着图书数量不断增加，村里建设了图书室。十年来，知青共捐赠图书 1 万余册。

2014 年 9 月，为纪念外三道沟村知青下乡 45 周年，外三道沟村上海知青编辑出版知青回忆录《北疆知青第一村》。该书由张刚于 2008 年外三道沟村知青筹备纪念下乡 40 周年活动上发起动议，向知青们征集故事，2014 年开始编写。全书分为插队落户启征程、垦荒戍边献丹心、一丛葱绿迎春峭、十岁大荒历苦辛、萃取苦甜品百味、浮沉沧海思乡情、记游回访续亲情、鸿雁翩翩寄友情、话说知青 9 部分 60 万字，收集故事 200 余个，照片数百张。知青用亲身经历“说话”，以真挚的情感和笔触，生动再现了在外三道沟村十年艰苦而又快乐的生活，与外三道沟村老乡之间浓浓亲情和返城后反哺外三

2019 年 8 月，在黑河市档案馆举行《外三道沟村志》初稿讨论会

2020 年，在上海召开村志编纂主题研讨会

道沟村的感人事迹，真实反映知青建设北疆的激情和艰苦奋斗、无私奉献精神。同时，也反映出知青将新思想、新文化、新风尚带到外三道沟村，加快外三道沟村经济增长和文明进程的过程。9 月 13 日，上海知青在上海西藏南路 567 号格澜国际大酒店举行外三道沟大队中秋团拜暨《北疆知青第一村》首发式。外二道沟、外三道沟、外四道沟村和爱辉上海知青联谊会理事、上海知青网代表等 130 余人参加。

2015 年春，张刚等再次组织外三道沟村上海知青启动编辑《北疆知青第一村（续）影集》。该书为《北疆知青第一村》姊妹篇，以丰富的老照片真实记录了外三道沟村知青 10 年上山下乡经历、返城后创业之路和知青与知青之间、知青与外三道沟老乡之间的深厚情谊。该书分为旧照摭拾、成长轨迹、快乐今朝、知青一家、外三道沟村、外三道沟村史馆 6 部分，收集照片 2200 余张、近 400 页，由黑河知青博物馆名誉馆长刘树新作序，于 2015 年 7 月出版，作为 2015 年上海知青回访瑷珲镇活动的礼物，赠送给爱辉区、瑷珲镇政府，知青博物馆和外三道沟村村民。

2020 年 6 月，上海知青编辑出版《北疆知青第一村（叁）记事》。通过外三道沟村知青群体记忆故事，真实还原知青在外三道沟村十年间经受劳动锻炼的生活历程。以小见大，以一个边境小村的知青故事折射出那个时代的知青运动。全书共分为插队安置、知青生活、生产劳动、戍边卫疆、文化活动、锻炼成长、病残事故、离开外三道沟村 8 章，是反映上海、黑河等地知青历史的珍贵资料。

上海市知青历史文化研究会关注《外三道沟村志》编纂工作，多次组织上海外三道沟村知青代表研究编纂篇目，提供资料。2020 年 10 月，再次召开村志编纂主题研讨会。

◉ 知青文化情缘

知青门楼 外三道沟村的知青门楼雕塑，独具特色。每年都有成千上万的游客慕名参观。

2013 年，上海知青聘请上海大学美术学院教授滕亚林设计制作外三道沟村知青元素的门楼。滕亚林和上海知青多次商议，定下创作主题：知青 + 上海石库门 + 木刻楞土房，再现知青历史文化元素和南北民居风格的景观大门。滕亚林设计出初稿后，在全国著名文博专家费钦生指导下，反复修改定稿。用时近两个月完成施工。

知青门楼由南、北两座门楼组成，每座门楼高 5 米，宽 10 米，底座高 1 米。门楼坐落在 331 国道东侧，外三道沟村知青街西头，与知青街东头的“北疆知青第一村”石刻相呼应。外三道沟独具的木刻楞土房景观与独具海派神韵的石库门景观，实际相距 3000 千米之遥，可这两座门楼间距仅 24 米。

南门楼为上海石库门雕塑，其设计理念取自上海石库门元素，红墙黑门，利用欧式的装饰线条，细腻而又精炼，背景墙采用了砖墙结构，一侧的浮雕再现了知青朝气蓬勃、风华正茂，带上行李整装待发的景象。线条厚重而又真实，表现出上海知青听毛主席的话，积极响应国家的号召，毅然走出家门，来到黑龙江边，保家卫国，接受贫下中农再教育的风貌。

外三道沟村知青门楼全景（2019 年）

北门楼为北大荒木刻楞雕塑，其设计理念是采用东北原住民房屋木刻楞的元素，却不同以往的堆叠方式，大胆利用纵横交织的手法，再现东北林场原木交叠的场景。而房屋雕塑的结构采用抽象与具象相结合的方法，表现美好祝愿与向往。知青的浮雕采用粗犷的线条雄浑厚重。北大荒知青、著名书法家周京生为浮雕题字“中国北疆第一村”，彰显了知青无私奉献、不远万里来到祖国边疆屯垦戍边的情怀。

在两座门楼中央，横卧一石塑，上面刻有著名作家阎肃题写的“外三道沟村”村名。

知青街 2007 年，外三道沟村以政府投入为主、村自筹为辅，将全村 4000 米的砂石路全部升级改造成为水泥路面。由于村经济拮据，村集体只自筹到 4 万元，上海知青积极捐款 4 万元。因全村的路面升级改造是以张刚等上海知青援助建成的，所以把中央街这条长 438 米的主要道路命名为知青街。同时结合本村文化特点为其他街道命名，知青街以北依次为民兵街、青年街、开发街；知青街以南为三八街、创业街、民主街、友爱街、团结街、和谐街。南北向街道从东往西依次为富强路、富裕路、富民路、富鑫路。2010 年，由张刚等上海知青出资、经爱辉镇派出所批准，全村住户按院落全部安装了门牌号，从村东南起始至东北，共计 129 号，结束了建村以来街路无名的历史。至 2019 年，门牌号增加到 135 号。

“北疆知青第一村”石刻 在外三道沟江畔公园正中，知青街东端，临江而矗一石刻，高 2.8 米，宽 3 米，重约 30 吨。巨石正面镌刻着“北疆知青第一村”7 个红色大字，格外醒目，背面刻有“中国爱辉”4 字。

知青街路牌（2015 年）

知青生活体验园（2020 年）

知青生活体验园　1969—1980 年，共有 107 名上海、辽宁和黑龙江的知青到外三道沟村插队落户，外三道沟村因此被誉为“中国北疆知青第一村”。为纪念知识青年下乡这段历史，宣传知青文化，外三道沟村在当地政府和上海知青的积极支持下，从 2017 年开始修建知青生活体验园。体验园总占地面积 6700 平方米，分设旅游接待、休闲长廊、户外演绎、民兵训练、互动菜园、农事体验、产业展厅 7 个功能区及停车场。2018 年，国家民委投资 192 万元完成项目一期建设，改造知青宿舍 145 平方米，改造知青食堂 210 平方米，改造知青体验馆农产品展示厅 65 平方米，新建砂石停车场 888 平方米、大门 1 处、围墙 52 米、大门影壁墙 1 座，硬化彩色混凝土地面 452 平方米，铺设灰砖地面 340 平方米。2019 年实施项目二期，建设园区内农事体验区，配备磨盘、粮囤等展现打谷场元素的互动设施。对面建设互动菜园，为游客提供耕种、采摘和知青生活体验。北侧打造演绎舞台，设置户外演出舞台、篝火区、观演区。对面南侧区域分别建设休闲长廊和民兵训练区域。休闲长廊兼具餐饮、休闲、观景等功能。民兵训练区域展现外三道沟村当年知青垦荒生产、戍边巡逻的特色。通过两期项目建设，完善了园区旅游接待、产业展示、田园互动等功能，逐步探索引入市场化运作模式，探索新型“村、社、司”一体化运营管理机制。2020 年 7 月 22 日，外三道沟村知青体验园正式开园。

知青生活体验园餐厅（2020 年）

知青生活体验园外景（2020 年）

外三道沟村知青一览表

表 4

姓名	性别	出生年份	下乡前属地	下乡前学历	下乡时间	政治面貌	下乡期间任职和从事工种	离村年份	离村事由	备注
黄心民	男	1948	上海市	1967 届高中	1969 年 4 月 28 日	1973 年入党	大队党支部委员、大队团总支书记、大队民兵连长、大队机耕队指导员等职。大田劳作、木匠、食堂司务长、兽医、教师、大队畜牧队出纳员、马匹饲养放牧员、农业技术员等	1976	返城	—
张刚	男	1949	上海市	1968 届高中	1969 年 4 月 28 日	1970 年入党	外三道沟知青点负责人、大队党支部委员、大队团总支书记、外三道沟生产队副队长、大队出纳员等职，以带领大田劳作为主	1973	被推荐上学	上海化工学院
李金年	男	1950	上海市	1966 届初中	1969 年 4 月 28 日	1986 年入党	武装民兵，大田劳作、马车使役员、打鱼、教师等	1976	招工	黑河航运局
盛丽明	女	1950	上海市	1966 届初中	1969 年 4 月 28 日	—	奶牛饲养员	1976	返城	—
马翌新	男	1951	上海市	1967 届初中	1969 年 4 月 28 日	下乡期间入团	武装民兵，食堂炊事员、木匠等	1978	返城	—
钱志明	男	1951	上海市	1967 届初中	1969 年 4 月 28 日	—	食堂炊事员、放猪、外派民工等	1970	转点	松树沟大队
金宝珍	女	1951	上海市	1967 届初中	1969 年 4 月 28 日	—	大田劳作为主	1979	返城	—
卢宝祥	男	1950	上海市	1968 届初中	1969 年 4 月 28 日	—	大田劳作为主	1975	招工	黑河粮库
孙世滨	男	1950	上海市	1968 届初中	1969 年 4 月 28 日	下乡期间入团	武装民兵（班长），积肥、饲养员（养马）、粉坊劳作等	1974	被推荐上学	黑河师范
施伯昌	男	1950	上海市	1968 届初中	1969 年 4 月 28 日	—	水稻技术员等	1978	返城	—
史瑞娟	女	1950	上海市	1968 届初中	1969 年 4 月 28 日	—	大田劳作为主	1972	在当地安家	与当地青年结婚成家
陈秀英	女	1950	上海市	1968 届初中	1969 年 4 月 28 日	—	岗楼站岗、大田劳作、赤脚医生等	1977	转点	三好大队
夏萍	女	1950	上海市	1968 届初中	1969 年 4 月 28 日	下乡前已入团	出发前被学校任命为知青连长、外三道沟生产队团支部书记，生产队队委，大田劳作、外派民工、饲养员（养猪）、食堂炊事员等	1975	在当地安家	与当地青年结婚成家

续表 4

姓名	性别	出生年份	下乡前属地	下乡前学历	下乡时间	政治面貌	下乡期间任职和从事工种	离村年份	离村事由	备注
傅凤梅	女	1950	上海市	1968 届初中	1969 年 4 月 28 日	—	放羊、食堂炊事员、饲养员（养猪）、大田劳作等	1979	返城	—
艾金保	男	1951	上海市	1968 届初中	1969 年 4 月 28 日	下乡期间入团	武装民兵，拖拉机手等	1978	返城	—
吕蔚东	男	1951	上海市	1968 届初中	1969 年 4 月 28 日	—	大田、磨房劳作等	1977	返城	—
居福林	男	1951	上海市	1968 届初中	1969 年 4 月 28 日	—	食堂炊事员、外派民工等	1972	招工	东方红煤矿
邢祥萁	女	1951	上海市	1968 届初中	1969 年 4 月 28 日	下乡期间入团	饲养员（养猪）、养蜂等	1979	返城	—
张建华	男	1952	上海市	1968 届初中	1969 年 4 月 28 日	—	武装民兵，大田劳作等	1970	转点	—
金裕兵	男	1952	上海市	1968 届初中	1969 年 4 月 28 日	—	积肥、拖拉机手等	1979	返城	—
韩永明	男	1952	上海市	1968 届初中	1969 年 4 月 28 日	—	兽医等	1978	返城	—
薄树俭	男	1952	上海市	1968 届初中	1969 年 4 月 28 日	—	大田劳作、打铁、放猪羊、饲养员（猪牛马）、磨房劳作等	1977	返城	—
朱志莲	女	1952	上海市	1968 届初中	1969 年 4 月 28 日	—	大田劳作等	1969	转点	—
祝越光	女	1952	上海市	1968 届初中	1969 年 4 月 28 日	下乡期间入团	岗楼站岗、大田劳作等	1971	招工	爱辉县商业系统
秦淑芬	女	1952	上海市	1968 届初中	1969 年 4 月 28 日	—	赤脚医生，大田劳作、织补渔网等	1975	招工	黑河木工机械厂
程蓓华	女	1952	上海市	1968 届初中	1969 年 4 月 28 日	—	放羊、饲养员（养奶牛）、教师等	1978	返城	—
曹永亮	男	1953	上海市	1968 届初中	1969 年 4 月 28 日	—	打铁、放猪等	1972	转点	青海省
裘云仙	女	1953	上海市	1970 届初中	1969 年 4 月 28 日	下乡期间入团	岗楼站岗、放羊、教师	1973	被推荐上学	齐齐哈尔师范学院
裘云珍	女	1951	上海市	1968 届初中	1969 年 6 月 1 日	下乡期间入团 1971 年入党	生产队队委、记工员，大田劳作	1974	被推荐上学	上海师范大学
周雪明	男	1950	上海市	1969 届初中	1970 年 4 月 4 日	—	武装民兵，食堂炊事员、打鱼、捞木头、泥瓦匠、烧砖等	1974	招工	大庆油田
焦恩利	男	1950	上海市	1969 届初中	1970 年 4 月 4 日	—	大田劳作、打铁等	1970	病退	—

续表 4

姓名	性别	出生年份	下乡前属地	下乡前学历	下乡时间	政治面貌	下乡期间任职和从事工种	离村年份	离村事由	备注
王秀英	女	1951	上海市	1969 届初中	1970 年 4 月 4 日	下乡期间入团	放羊、饲养员（养猪）等	1978	返城	—
陆莲华	女	1951	上海市	1969 届初中	1970 年 4 月 4 日	—	岗楼站岗、大田劳作等	1974	返城	—
仝伟民	男	1952	上海市	1969 届初中	1970 年 4 月 4 日	—	饲养员（养马）等	1975	招工	—
许卫国	男	1952	上海市	1969 届初中	1970 年 4 月 4 日	—	打铁、磨房劳作	1977	返城	—
龚树东	男	1952	上海市	1969 届初中	1970 年 4 月 4 日	—	食堂炊事员、打鱼、粉坊劳作、保管员等	1978	返城	—
张慧丽	女	1952	上海市	1969 届初中	1970 年 4 月 4 日	—	大田劳作、放羊等	1979	返城	—
黄永平	女	1952	上海市	1969 届初中	1970 年 4 月 4 日	下乡期间入团	大田劳作、放羊、养殖木耳等	1977	考学	黑河卫校
崔为芳	女	1952	上海市	1969 届初中	1970 年 4 月 4 日	下乡期间入团	食堂炊事员	1974	返城	—
马建	男	1953	上海市	1969 届初中	1970 年 4 月 4 日	下乡期间入团	养殖人参、教师等	1975	被推荐上学	黑龙江中医学院
毛仁昌	男	1953	上海市	1969 届初中	1970 年 4 月 4 日	下乡期间入团	武装民兵，生产队团支部书记、生产队队委、生产大队队委，饲养员（养猪）、放马、打鱼、制砖、种西瓜、粉坊、大田劳作等	1976	被推荐上学	北安农校 1978 年毕业后回外三道沟
								1979	返城	—
李肇云	男	1953	上海市	1969 届初中	1970 年 4 月 4 日	下乡期间入团	生产队队委，放猪、饲养员（养鹿）	1978	返城	—
杨荣明	男	1953	上海市	1969 届初中	1970 年 4 月 4 日	下乡期间入团	生产队队委，马车使役员	1978	返城	—
吴汉民	男	1953	上海市	69 届初中	1970 年 4 月 4 日	—	食堂炊事员	1973	转点	—
张根福	男	1953	上海市	1969 届初中	1970 年 4 月 4 日	下乡期间入团 1976 入党	党支部副书记、生产队副队长，食堂、积肥、大田劳作、种试验田、粉坊劳作等	1978	返城	—
陆纪平	男	1953	上海市	1969 届初中	1970 年 4 月 4 日	—	大田劳作等	1971	病退	—
郝名治	男	1953	上海市	1969 届初中	1970 年 4 月 4 日	下乡期间入团	保管员、马车使役员等	1978	返城	—
顾立	男	1953	上海市	1969 届初中	1970 年 4 月 4 日	下乡期间入团	武装民兵，生产队会计等	1978	考学	上海科学技术大学
曹建生	男	1953	上海市	1969 届初中	1970 年 4 月 4 日	—	知青菜园种菜	1978	返城	—

续表 4

姓名	性别	出生年份	下乡前属地	下乡前学历	下乡时间	政治面貌	下乡期间任职和从事工种	离村年份	离村事由	备注
黎祖康	男	1953	上海市	1969 届初中	1970 年 4 月 4 日	下乡期间入团	武装民兵，生产队出纳员等	1975	招工	黑河电影机配件厂
朱伟英	女	1953	上海市	1969 届初中	1970 年 4 月 4 日	—	大田劳作等	1973	转点	—
张琦	女	1953	上海市	1969 届初中	1970 年 4 月 4 日	下乡期间入团	食堂炊事员、饲养员（猪鸡鸭）、岗楼站岗、养殖木耳	1978	返城	—
徐叶萍	女	1953	上海市	1969 届初中	1970 年 4 月 4 日	—	大田劳作、放羊、放猪、饲养员（养奶牛）、岗楼站岗等	1977	返城	—
虞海南	女	1953	上海市	1969 届初中	1970 年 4 月 4 日	下乡期间入团	赤脚医生、大田劳作	1973	转点	安徽
蔡敏	女	1953	上海市	1969 届初中	1970 年 4 月 4 日	下乡期间入团	饲养员（养猪）、食堂炊事员、事务长等	1977	返城	—
白延东	男	1954	上海市	1969 届初中	1970 年 4 月 4 日	下乡期间入团	知青点负责人、大队团总支书记、生产队会计、生产队副队长、生产大队队长，以带领大田劳作为主	1978	返城	—
朱建华	男	1954	上海市	1969 届初中	1970 年 4 月 4 日	—	放猪等	1972	转点	—
孙祖霞	男	1954	上海市	1969 届初中	1970 年 4 月 4 日	—	饲养员（养猪）、食堂炊事员、马车使役员等	1978	返城	—
林杏英	女	1954	上海市	1970 届初中	1970 年 4 月 4 日	—	大田劳作等	1976	返城	—
鄂亚奎	男	1954	上海市	1969 届初中	1970 年 4 月 4 日	—	磨坊、食堂炊事员、饲养员（养鹿）等	1979	返城	—
翟其爱	男	1952	上海市	1968 届初中	1970 年 7 月	—	大田、粉坊劳作等	1975	返城	—
付松	女	1955	黑河市	高中	1973 年 3 月	下乡前已入团	放羊，饲养员（养鹿）	1975	考学	哈尔滨工业大学
何志军	男	1954	黑河市	高中	1973 年 4 月	下乡前已入团	武装民兵，大田劳作等	1976	招工	黑河九一三电台
何静茹	女	1955	黑河市	高中	1973 年 6 月	—	岗楼站岗、大田劳作	1975	招工	—
顾晓燕	女	1956	上海市	1973 届初中	1974 年 3 月	—	积肥、大田劳作、种试验田等	1978	返城	—
张伟嘉	男	1956	黑河市	高中	1974 年 8 月	下乡前已入团	木匠	1978	考学	黑河师范
于萍	女	1956	黑河市	高中	1974 年 11 月	下乡前已入团	生产队出纳员、大田劳作	1976	招工	黑河电影机配件厂

续表 4

姓名	性别	出生年份	下乡前属地	下乡前学历	下乡时间	政治面貌	下乡期间任职和从事工种	离村年份	离村事由	备注
李桂玉	女	1956	黑河市	高中	1974 年 11 月	—	大田劳作	1977	招工	黑河航运
尹和平	女	1955	黑河市	高中	1974 年 12 月	下乡前已入团	大田劳作、食堂炊事员	1978	招工	黑河发电厂
庄晓芬	女	1956	黑河市	高中	1974 年 12 月	下乡期间 1978 年入团	大田劳作、打鱼、织补网、幼儿园教师	1979	返城	—
胡春霞	女	1956	黑河市	高中	1974 年 12 月	下乡期间 1975 年入团	饲养员（养鹿）	1979	返城	—
冯悦利	男	1957	黑河市	高中	1974 年 12 月	—	大田劳作	1979	返城	—
卢永平	男	1957	上海市	1974 届初中	1975 年 4 月	下乡前已入团	大田劳作、制砖、粉坊劳作等	1978	考学	佳木斯工学院
田景芳	男	1955	黑河市	高中	1975 年 7 月	—	大田劳作	1979	返城	—
王志祥	男	1956	黑河市	高中	1975 年 7 月	—	大田劳作、种试验田等	1977	考学	黑河师范
许顺年	男	1956	黑河市	高中	1975 年 7 月	下乡前已入团	武装民兵，大田劳作、打鱼、粉坊劳作、食堂炊事员	1979	返城	—
黄杰	男	1956	黑河市	高中	1975 年 7 月	—	大田劳作	1979	返城	—
王玉娟	女	1956	黑河市	高中	1975 年 7 月	下乡前已入团	大田劳作、食堂炊事员	1979	招工	黑河饭店
杜迎春	男	1957	黑河市	高中	1975 年 7 月	—	畜牧队	1979	考干	黑河税务局
李志军	男	1957	黑河市	高中	1975 年 7 月	下乡前已入团	武装民兵，大田劳作、打鱼、种试验田等	1978	返城	—
李俊明	男	1957	黑河市	高中	1975 年 7 月	下乡前已入团	大田、粉坊劳作，打场、灌区做饭、打石头	1977	参军	—
杨克勇	男	1957	黑河市	高中	1975 年 7 月	—	马车使役员	1979	招工	黑河电动工具厂
王晓香	女	1957	黑河市	高中	1975 年 7 月	—	大田劳作、种试验田等	1979	返城	—
王景波	女	1957	黑河市	高中	1975 年 7 月	—	大田劳作、打鱼、织补网	1979	返城	—
曲丽英	女	1957	黑河市	高中	1975 年 7 月	下乡前已入团	大田劳作、食堂事务长	1979	返城	—
陈淑芬	女	1957	黑河市	高中	1975 年 7 月	下乡前已入团	大田劳作、放羊	1977	招工	黑河针织厂

续表 4

姓名	性别	出生年份	下乡前属地	下乡前学历	下乡时间	政治面貌	下乡期间任职和从事工种	离村年份	离村事由	备注
王鹏锐	男	1958	黑河市	高中	1975 年 7 月	下乡前已入团	食堂炊事员、马车使役员等	1978	考学	牡丹江商校
吴文刚	男	1958	黑河市	高中	1975 年 7 月	下乡前已入团	大田劳作、打铁、食堂炊事员	1978	参军	—
张翠华	女	1958	黑河市	高中	1975 年 7 月	—	岗楼站岗	1978	返城	—
丁胜华	女	1959	黑河市	高中	1975 年 7 月	—	饲养员（养鹿）	1979	返城	—
王玉梅	女	1959	黑河市	高中	1975 年 7 月	—	大田、粉坊劳作	1979	招工	黑河糖酒公司
蔡明峰	男	1957	黑河市	高中	1976 年 6 月	—	大田劳作	1979	返城	—
朱成江	男	1958	黑河市	高中	1976 年 6 月	—	畜牧队劳作	1979	返城	—
勾冬艳	女	1958	黑河市	高中	1976 年 6 月	—	大田劳作	1979	返城	—
周广霞	女	1958	黑河市	高中	1976 年 6 月	—	大田劳作、幼儿园教师	1979	返城	—
田大鹏	男	1959	黑河市	高中	1976 年 6 月	—	大田劳作	1978	转点	—
滕吉夫	男	1959	黑河市	高中	1976 年 6 月	—	大田劳作	1979	返城	—
李玉兰	女	1959	黑河市	高中	1976 年 6 月	下乡前已入团	大田、粉坊劳作、食堂炊事员	1979	考学	黑河商校
李晓惠	男	1960	黑河市	高中	1976 年 6 月	—	大田劳作、食堂炊事员	1978	参军	
刘一峰	男	1958	哈尔滨市	高中	1976 年 6 月	—	大田劳作	1978	返城	—
林晓蓁	女	1958	哈尔滨市	高中	1976 年 6 月	下乡前已入团	大田劳作	1979	返城	—
陈国明	男	1959	辽宁省	高中	1976 年 6 月	—	大田劳作、食堂炊事员	1980	招工	黑河电动工具厂
李宏伟	女	1957	齐齐哈尔市克山县	高中	1976 年 7 月	—	大田劳作	1979	返城	—
李秀芝	女	1958	黑河市	高中	1976 年 7 月	下乡前已入团	大田劳作、打鱼、织补网	1979	招工	黑河啤酒厂
赵彬	男	1957	黑河市	高中	1976 年 8 月	下乡前已入团	武装民兵，大田劳作、打鱼、粉坊劳作	1978	招工	西岗子发电厂
崔玉兰	女	1957	黑河市	高中	1976 年 8 月	下乡前已入团	大田劳作、食堂炊事员	1979	返城	—
修凤珍	女	1958	黑河市	高中	1976 年 8 月	下乡前已入团	大田劳作	1978	招工	黑河针织厂

说明：按下乡时间排序，下乡时间相同时按下乡前学历、出生年份、性别、姓氏笔画等排序

◉ 知青词文

我的老房东

上海知青 张 刚

1969 年 4 月 28 日下午，我和 27 位上海知青从上海彭浦火车站乘坐专列，前往黑龙江爱辉县爱辉人民公社外三道沟生产队插队落户。火车行程近 3200 千米才到达目的地。我们受到老乡们的热情欢迎，从此开始了长达十年的知青岁月。

刚到外三道沟，知青宿舍还没建，生产队安排我们在老乡家住。我和黄心民、金裕兵、吕蔚东、施伯昌、薄树俭 6 人住在杨纯亮家。

杨纯亮家在外三道沟村屯的最北边，紧靠着黑龙江，离江边沙滩不到百米。这是一栋典型的东北农村土房，木头柱、梁、房架子，四周墙的材料是小树干和泥巴。每年上冻前，都要用稀泥抹一遍墙，把开裂的墙缝堵严，房屋才能保暖。屋顶是三角形的，铺苫草防水，内屋顶是平的，中间空处还可以放杂物。有时，老母鸡会飞上去，在内屋顶棚上下蛋。杨家的房子南北宽约 7 米，东西长约 8 米，两跨间。进门的一间是做饭的地方，烧柴火的土灶占据主要位置，旁边是大水缸，还有做面食的案板、脸盆架、水桶等杂物。进门后往左，西面一间是卧室，有南北炕和西炕，火墙在南北炕中间。我们 6 个知青睡不到 4 米宽的北炕，每人最多只有 60 厘米的宽度，显得特别拥挤，是真正的“亲密无间”。杨大爷全家 7 口睡南炕和西炕，西炕是凉炕，满族人家一般用来供奉祖宗，这时候因为人多也顾不得了。

黄心民跟我是虹口中学 1967、1968 届高中生，施伯昌、吕蔚东、薄树俭、金裕兵都是韶山中学 1968 届初中生。下乡前，我们互不认识。我们从黄浦江畔的大上海，来到黑龙江畔的小村落；从高高的楼房里睡床，到低矮的土房睡炕；从手拧龙头水自来，到手摇辘轳挑井水；从与父母朝夕相处，到与素不相识的人睡在一铺炕上，许多生活习性和心理落差需要磨合。特别是大家从小就没见过炕，不知应头朝外还是朝里睡，知青们还有横过来睡的。在北方，只有水瓢才能进水缸舀水。这里的井水干净无污染，都是用水瓢舀水喝。凡此种种的不习惯，在房东杨大爷、姚大娘一家人的淳朴、热情、无微不至的关心下逐步化解，我们在生活、劳动等各个方面渐渐适应了这里的一切。

杨纯亮是老共产党员，当过生产队长，在村子里备受尊敬。我们来时，他已经患有

1999 年 8 月，上海知青与老房东一家在外三道沟村合影

癫痫病，不能下地干活。犯病时，大娘会用针扎杨大爷的人中，让他苏醒过来。房东大娘姚凤兰，小个子，短发，典型的东北农家妇女，对我们关怀备至，好比亲生母亲。杨家 5 兄弟，树森、福元、树景、树华和树广。当年，福元当生产队长，树森在畜牧队，树景、树华和树广还在读书。杨家 7 口人加上我们 6 个知青，13 人挤住在一起，大家抢着挑水、劈柴、打扫院子，犹如一个大家庭，亲如自家人。当年，每人的行李箱、棉大衣、皮帽子、大头鞋、农田鞋、松紧鞋、拖鞋、凉鞋、洗脸盆、碗筷、锄头、铁锹、镰刀农具等，真不知如何摆放。每天早晨一起洗脸刷牙，收工回家休息，洗衣晾晒，就在这狭小的空间。但我们生活快乐，充满青春的朝气。夏天，我们辛苦劳作后从地里下工回家，拿上脸盆和衣服，到黑龙江边洗澡、游泳，舒展一身疲惫的筋骨。洗好的衣服放在沙滩上，很快就干了，别有一番浪漫情趣。

那一年，生产队用知青安置费帮助知青盖宿舍，同年 9 月新房落成，28 个知青搬进了集体宿舍。我们在杨大爷家度过下乡后的头半年，回想当年，从心底里感谢房东杨大爷、姚大娘，感谢他们待我们如亲生孩子一样无微不至的照顾和教诲。

（《黑河日报》2017 年 12 月 1 日）

我的八年知青生活

上海知青 薄树俭

1968年12月21日，毛主席最高指示“知识青年到农村去，接受贫下中农的再教育很有必要”发表。当日，上海各校的学生纷纷走上街头，高举标语，敲锣打鼓，举行了声势浩大的游行，宣传上山下乡的伟大意义。我也在这次红旗飘扬、锣鼓喧天的游行中受到巨大的震撼。

我所在的学校邀请了新疆的老垦荒队员、老知青和各省市的贫下中农代表，给我们作鼓舞人心的报告，热情的鼓励使不少同学当场写下血书，坚决要求到祖国最需要的地方去插队落户干革命。“好儿女志在四方”成为当时的时髦用语。

我也投入了这场波澜壮阔的上山下乡洪流，偷偷地拿了家里的户口本，瞒着母亲去学校报了名，去黑龙江省爱辉县爱辉人民公社外三道沟大队插队落户，当一名真正的知青农民。

我当时只有17岁，长得又瘦又小。知青的生活又苦又累，一天活儿干下来，手上脚上满是水疱，回到宿舍累得躺下都爬不起来，深感务农不同于学农劳动，我要靠自己的双手挣工分养活自己。在爱辉县爱辉公社外三道沟大队插队落户的8年里，我先后当过民工，下过农田，放过猪羊，喂过牛马，还在铁匠铺打过铁，干过各种勤杂农活。在

知青宿舍前留影（1973年）

北大荒务农，首先要面对南北方气候的差异，克服冬季的寒冷。当时条件有限，可想是多么的艰难曲折。吃、穿、住和干活累的不适是次要的，对不知何时能回到自己的故乡更是特别担心，每天想得最多的是“今后可怎么办？”心里特别想念上海和在上海的父母。

在知青这个大集体里，大家相互鼓励，相互帮助，用自己的青春热血，在北大荒的田野里播种着希望的种子，用勤劳和汗水收获丰收的喜悦，忘记了对故乡上海的思念。8 年多不平凡的北大荒务农生活，留下了我青春的足迹，历练着我不断成长，在我的一生中画上了浓重的一笔，让我永生难忘。

（《黑河日报》2018 年 11 月 2 日）

养蜂趣事

上海知青 邢祥黉

1969 年 4 月 28 日，响应毛主席关于知识青年到农村去大有作为的号召，我和另外几个学校的 28 名青年来到黑龙江爱辉县爱辉人民公社外三道沟插队。到外三道沟后，我被分配跟着公社关师傅学习养蜂技术，断断续续干了十来年。这期间发生了许多酸甜苦辣的事，有被蜜蜂蜇过的痛，也有品尝蜂蜜时的甜，更多的是了解养蜂的过程和掌握关键的技术知识。我与勤劳的“小蜜蜂”结下了深厚的感情，如今，每每想起总是让人难以平静。

在养蜂的日日夜夜里，我遇到过各种各样的困难，也遇到过各种各样的趣事。

记得有天晚上，天上飘着雪花，周围漆黑得伸手不见五指。我到蜂窖去给小蜜蜂们烧火，保持窖内的温度。当我打开炉盖准备点火时，只听到窖内有“嚓嚓”的怪声。蜂窖离住地大约有百十米远，是一个独立的地方，周围没有住户，又是晚上九点多，根本没人会来。当时的我一下子紧张到了极点：“那会是什么？难道是……”我不敢再往下想。由于害怕，空气仿佛也凝固起来。

虽然当时气温已经零下 10 摄氏度，但是我浑身已惊出了冷汗。我不敢动一下，因为只要一动，那“嚓嚓”声就会出现，那可怕劲是可想而知的。当时哭的心都有，感到心都提到嗓子眼儿了。我觉得自己快要支持不住了，人慢慢地滑倒在地面。我坐在地上十来分钟，才慢慢缓过神来。

我知道此时别人是帮不上忙的，就是大喊，别人也不会听见，一是蜂窖离住地远，

养蜂（1971 年）

二是冬天里东北都是双层玻璃双层门，喊也难以听到。

在万般无奈的情况下，我一边调整呼吸，一边慢慢让自己冷静下来。我拿着手电，慢慢转动身子，用手电一点一点打量着周围的一切，细细地观察着周边的环境，同时回忆一路过来时的细节，是怎么进的窖，如何打开的窖门。我发现窖里并没有什么异常情况，也没有人动过门锁，更不像有什么东西或人进来过。这时，我的思路更加清晰了，我从自己身上找原因，慢慢移动身体，慢慢抬起头观看，最后，声音的源头找到了——原来，那天我穿了同伴的大棉衣，那件棉衣特别肥，棉衣的下摆擦到炉灶边上，发出了“嚓嚓”声。一场虚惊被排除了。事后，自己更注意周围的事物，懂得了遇到任何事不要惊慌，要养成观察的好习惯。

小蜜蜂教会了我在生活中要独立、勤劳。我对小蜜蜂产生了好感，也更热爱这片黑土地上的老乡们。是老乡教会了我生活、工作和对待事物。在黑土地的日日夜夜里，我和当地老乡结下了深厚的感情，我们有说不完的话、唠不完的情。如今，有时在夜间睡梦中，我还会经常梦见那村、那人、那田、那条通往蜂窖的乡间小路和那温柔美丽的黑龙江。

（《黑河日报》2017 年 11 月 10 日）

我的插队生活

上海知青 顾晓燕

我是上海宜山中学1973届毕业生。当年听了上海干部卢积才对黑龙江省爱辉县爱辉人民公社外三道沟的介绍后，对比其他几个可去的地方，最终决定去外三道沟下乡。

1974年春，经过火车、长途汽车的轮番颠簸，我来到了外三道沟大队插队落户，开始我人生旅途的第一站。当时与我结伴而行的有白延东、马建、蔡敏、陆莲华，一路上，他们对我很照顾。

在外三道沟，我主要是在大田干活。每天由分管大田生活的队长派活，若在近处，大伙儿一块扛着农具走向田间；要是去远处，是坐马车，浩浩荡荡的马车队伍载着一帮干活的人“嘚！嘚！”而去，一路上，有唱歌的、有唠嗑的，不知不觉地便到了地方；也有一些老乡是骑自行车去的，他们组成自行车队在田间道路上行进。到地方稍事歇息后，大家便开始干活。中午，我们知青吃着由食堂送来的干粮，老乡们吃着自家做的干粮。大家享受着这1个小时左右的休息时间，随后又开始下午的劳作。

那时，春天的农活有烧荒、间通（将树林里的一些杂乱树砍掉并运出）、搂地、打水稻梗子、种苞米、种西瓜等。夏天的活是铲地。铲地这活儿很辛苦，因为日长夜短，最长时间从凌晨两点一直干到晚上六七点，最长的垄长度有1.5千米。记得在铲长垄时，常有老乡开玩笑说：快点铲啊，铲到地头好过年啦！那时每个人每天脸上身上流的汗都结成了盐。

秋天的活有割小麦、割谷子、割水稻、撅黄豆、割苞米、捆地、拉地、打场、脱粒等。割谷子、割水稻很累人，每天弯着腰用镰刀割，割完后要捆，捆完后还要搬运到指定点码成垛子，手指头磨破了缠上胶布继续干，累得腰都直不起来。遇上雨天穿着沾满烂泥的长筒套鞋后，走在泥泞的路上，双腿重得简直迈不开步。还有撅黄豆，要弯1.5千米地的腰，讨厌的小咬直钻头皮，一种刺毛球般的植物频繁地往头发上粘且很难拔除。打场的活工作量很大，持续时间2～3个月，有时要干到深夜11点左右，每天脸上、鼻孔里沾满了灰尘。

冬天便是积肥。将水泡子上面1米左右的冰刨去，然后刨下面的冻土，这些冻土就被作为肥料用马车运到大田。每天早上8点左右出工，下午两三点钟收工。冬天的温度最冷达到零下40摄氏度，迎着凛冽的寒风，走在干活的路上，棉帽两旁的护耳结满白霜，到了地方得抓紧干活，且不能偷懒，一偷懒就得受冻。

除了在大田干活外，生产队还经常定期不定期开各种会，这些会议一般是晚上或下雨天开。知青也几乎每周有学习活动，学习内容大多为批评与自我批评。文化生活有看电影。先前看的电影是露天放映，后来队里买了放映机向公社借了带子在自己新建的文化活动中心放映。有时也能看到县评剧院下乡的演出，和本队社员、知青自己表演的文艺节目，还开过田径运动会。

在外三道沟，老乡们对知青很好。每到大年初一，凡是没有回沪探亲的知青都被安排到各户老乡家，老乡们都拿出最好的菜肴招待我们。我先后有两次分别在罗彩霞家和罗美霞家过的年，真是其乐融融。

那时，我们知青食堂吃的菜都是知青自己种的，专门有一个知青负责种菜园子。还有专人养猪，遇上节假日或者有知青被招工、读书，知青点都要杀猪聚餐，热烈欢送他们。知青们像一家人似的互相帮助。有一次，我从马车上掉下来摔伤了，是裘云珍大姐帮我洗的衣服，食堂还为我做病号饭。凤梅大姐有时还自己做酒酿，有好吃的总想着我，因为我俩同月同日生。有一年冬天，宿舍里其他知青都回沪探亲，就剩我和凤梅大姐，屋子冷得像冰窖，水缸里水都结冰了，挂着的毛巾冻得邦邦硬，柴火也没地方捡，睡觉只能穿着衣服睡。幸好不久生产队派人送来一些供我们烧火墙的煤及烧炕的柴火，屋子才又温暖如春。

随着知青的大批返城，我也成为返城大军的一员，于 1978 年秋，回到了上海。

（《黑河日报》2018 年 12 月 14 日）

村民生活

解放前，外三道沟村农业生产发展落后，生产力低下，粮食产量低。解放后，全村进行土地改革，农业生产快速发展。中共十一届三中全会后，实行家庭联产承包责任制，进一步推动农业生产的发展，村民生活水平不断提高，社会保障机制日趋完善，教育条件进一步改善，医疗卫生全面发展，村容村貌逐年改善，村民物质生活和精神生活水平不断提高。

◉ 村民家庭

婚姻 解放前，外三道沟村民子女婚姻由父母包办，以“门当户对”为重，结婚年龄不受限制，村民受“早养儿子早得福”等旧有观念影响，早婚现象较为普遍，少数家庭定娃娃亲。异地夫妇婚前不相识，通过媒妁之言，先相男，后相女。成婚之前，必须通过媒人传递男女双方庚帖，待女方父母同意后方可操办。如果男女双方追求自由恋爱，会被斥为“不正经”，受到歧视。1950 年 5 月 1 日，《中华人民共和国婚姻法》开始施行，提倡男女自由恋爱，一夫一妻，男女平等。1950 年 9 月起，实行婚姻登记制度。二十世纪六七十年代，男女“找对象”偏重政治地位和阶级成分。20 世纪 80 年代起，男女婚姻讲究德才兼备，也有论经济条件的。随着改革开放不断深入，青年男女接触机会增多，自由恋爱、自订婚约日渐增多。结婚一般都选在节假日或双号日子，用喜车接亲。男方家燃放鞭炮，迎接喜车。结婚典礼由司仪主持，证婚人宣读结婚证书，新婚夫妇对拜，互赠信物，向双方老人鞠躬。结婚仪式结束后，设宴招待客人。

家庭 解放前，外三道沟村民家庭人口众多，四世同堂很常见。田地、房产等均由一家之长支配，小辈听从安排。如有分家析产，一般先长子后次子。解放后，家庭结构逐渐发生了变化。二十世纪五六十年代，家庭成员一般为 5 ～ 6 人。80 年代，国家提倡一对夫妇只生一个孩子，独生子女比例增多，家庭成员一般为 4 ～ 5 人。90 年代起，家庭成员有进一步减少趋势，一般为 3 ～ 4 人。家庭关系中，一般父母是家长，如父母去世，长子或长女为家长。家长是家庭财产的主要支配者。解放前，门第观念及男尊女卑等思想较为严重。解放后，这一习俗逐渐废除。20 世纪 80 年代起，通过普法教育和争创“五好家庭”活动，家庭和睦，婆媳之间互敬互爱。

赡养 在外三道沟村，一般父母年老或失去劳动能力后，由子女商定赡养。如生有两个儿子，父母都在世，两个儿子各赡养一位老人；如果其中一位老人过世，则共同赡养另一位老人，也有轮流赡养的。如父母单独生活，儿子分别贴补父母的生活费。已出嫁女儿如不承担赡养父母的义务，就不得继承遗产，在逢年过节时，买些食品补品等礼品送给老人。解放后，法律规定儿子、女儿都有赡养父母的义务。村民不仅在经济上供养老人，还越来越重视陪伴身边的“精神慰藉”，孝老爱亲蔚然成风。

继承 解放前，由于受旧有习俗的束缚，妇女的地位不如男性，在继承问题上尤为突出，出嫁的女儿一般无权继承父母遗产，只能由儿子继承。解放后，妇女的政治、经济地位提高，法律规定儿子、女儿既有赡养父母的义务，也有继承父母遗产的权利。

◉ 生活水平

分配 1948年土地改革后，外三道沟村民分到了土地，政府为农户颁发了地照。农产品除了缴纳一定税金外，其余全部归自己所有。由于维持个体生产经营成本较高，人力畜力单薄，耕地面积有限，粮食单产量低，除去人吃马喂、交公粮，没有多少余粮可卖，又没有其他经济来源，村民们的生活依然很拮据。1951年，外三道沟村成立了两个常年互助组，一个由后街关文才任组长，由罗石成、赵占友、钱奎元、杨小铁、关常寿、车文忠、关富海、富平山等12户组成的后街互助组。另一个是由关石锁任组长，有关富锁、韩富准、关贵海、关四海等8户参加的前街互助组。关石锁当年被评为瑷珲县劳动模范。互助组时期，实行“工换工”，分配形式不变。1955年，在互助组的基础上，成立一个初级合作社，徐庆珍为主任，宁永发做会计。有车文才、孟贵友、孟贵明、车文广、车明锁、肖宝昌、宁铁铃、关常铃8户参加。初级合作社以统一经营为特点，社员共同劳动。合作社章程规定除土地、车、马、农具入股外，每个劳力还需交一份股金。按劳力和土地多少进行分配，土地和生产资料所有权仍归社员所有，是个体劳动从互助组走向高级合作的过渡形式。1956年6月，外三道沟村高级农业合作社成立，全村农户全部入社，走上了社会主义集体化的道路。全社有50余户、100余名劳动力、土地300公顷、马20余匹。高级社的特点是土地、耕畜、大型农机具与生产资料归集体所有。取消了按土地分红，实行出勤工分制，按劳分配。1958年，爱辉乡改称爱辉人民公社，实行公社管委会、生产大队、生产队三级管理，大队为统一核算单位。农民的畜牧、农具等生产资料为集体所有，劳动定额，按劳分配。至此，变土地农民个人所有制为土地集体所有制。由于公社化，在计划、生产、劳动、财务和分配等方面长期实行高度集中的统一管理，导致生产队普遍存在生产上的“大帮哄”和分配上的“大锅饭”，经济发展缓慢。1959—1961年，外三道沟村经历了三年经济困难时期，口粮短缺不够吃，甚至吃代食品。针对人民公社出现的弊端，按照县委的要求，纠正“一平二调”的错误。1961年以后，经济稍有复苏，村民生活有所好转。1962年，允许社员经营自留地、小开荒和饲养畜禽等家庭副业，按照中共中央“调整、巩固、充实、提高”方针和《关于改变农村人民公社基本核算单位问题的指示》，实行三级所有，以队（生产队）为基础，单独核算。1964 年，开展农业学大寨，学习“大寨评工记分经验”，开始推行“自报公议、评工记分”的劳动计酬形式。公社化时期的分配形式为根据农时的忙闲按月或季度将每天的工分通常定为 8 分、10 分、12 分。每个社员挣多少分需召开社员大会讨论，由全体社员进行评定，叫“评工分”。每个社员一年可挣 4000 分左右，多的可到 5000 分。社员收入的多少不仅要看挣多少工分，更要看当年的劳动日值，俗称为“劳动日”。年终生产队要进行核算，算出全年的总收入、总支出、总分配。总分配中又包括国家税金（主要是农业税）、集体积累、公益金、社员分配 4 部分。社员分配部分是在扣除国家税金，按比例留足集体积累、公益金后的部分。要制定分配方案或计划，报公社管委会审批，定劳动日值后，进行社员分红，也叫“开支”。社员分红按 10 个工分为一个劳动日值计算，即：劳动日值 ×（总工分 ÷10 分）=社员收入。

1983 年 1 月，《中共中央关于印发〈当前农村经济政策若干问题〉的通知》中，进一步肯定了以农户或小组为单位的联产承包责任制。当时，爱辉县农业机械化程度高，农业连续多年丰收，集体经济雄厚，社员收入丰厚，是集体经济有史以来最好时期。当年 3 月，被国务院批准为商品粮基地重点县。因此，县委认为不宜包产到户、分散经营。1984 年后，外三道沟村逐步建立起多种形式的生产责任制，主要形式为机车组单独承包、机车组与劳力联合承包、按行业承包等。到 1987 年年初，全村普遍实行了家庭联产承包责任制，土地承包到户，人均耕地 32 亩。实行按承包土地的面积提取公积金、公益基金和管理费，即“两金一费”，由村负责收缴。农业机械、生产工具、牲畜、房屋作价卖给个人或承包给个人，有机户为无机农户代耕。土地承包经营到户后，粮食定购任务、农业税、提留统筹等也随之落到农户。2004 年，国家开始实行免征农业税政策，对种粮农民实行直接补贴，提高了农民种地积极性。2010 年后，逐步推进土地流转，实现规模经营。

收入　二十世纪五六十年代，由于生产力较低，村集体收入每年不过几万元，人均年收入几十元，劳动日值几角钱。60 年代中后期日值 1 元钱左右；1968 年后，村集体收入和人均年收入均有所增加。1970 年劳动日值达到 1.2 元，70 年代初期在 1.5 元左右；70 年代中期为 2 ~ 3 元；70 年代末至 80 年代初在 5 元左右，最高的年份达到 5.6 元。1971 年，全村经济总收入 17.8 万元，劳动日值 1.8 元。1978 年劳动日值 1.4 元。1979 年劳动日值 2.5 元。1978 年以后，全村经济总收入和人均年收入逐年提高。1978 年村民人均年收入 155.3 元，1988 年村民人均年收入 970 元，1998 年村民人均年收入增加到 3473 元，2018 年村民人均年收入 12159 元。40 年间，村民人均年收入增长 77 倍多。

1978—2019 年部分年份外三道沟村收入情况表

表 5

年份	经济总收入（万元）	人均年收入（元）	年份	经济总收入（万元）	人均年收入（元）
1978	30.6	155.3	1998	405	3473
1979	43.4	328	2008	261	2772
1986	33	120	2016	831	11874
1987	47	507	2018	831	12159
1988	71	970	2019	648	13139

消费　20 世纪 50 年代，村民收入低，购买力有限，消费主要是用于购买油、盐、酱、醋等生活必需品。1961 年 11 月初，村内架设了输电线路，当年 12 月通电，村民开始用电照明，结束了点油灯的历史。60 年代中期以后，购买力有所增强，自行车、座钟、手表、收音机等日用品开始进入社员家庭。七八十年代，电视机、洗衣机、冰箱等家用电器开始进入普通百姓家，这一时期社员的最大消费是盖砖房。90 年代，村民家庭消费档次开始向现代化发展，普遍安装有线电视和程控电话，黑白电视机被彩色电视机所取代，村民家庭有线电视机入户率达 100%、程控电话入户率达到 90% 以上。农户大量购

村民家用轿车（2020 年）

村民新居客厅（2020 年）

村民新居厨房（2020 年）

买农业机械，摩托车普遍进入农户家庭。进入 21 世纪，村民消费追求目标更高，注重吃得营养、穿得高档、住得宽敞。村民重新装修住宅，更新农机具，照相机、手机、计算机开始普及。2010 年以后，村民开始购买轿车，在黑河市区购买楼房住宅。至 2019 年，全村已有 73 户家庭有轿车，有 50 户在黑河市区购买楼房住宅，分别占全村总户数 58.87% 和 40.32%。

◉ 学校教育

幼儿教育 1958 年，随着生产形式的集体化，为了让妇女逐步从家庭事务中解脱出来，参加生产劳动，村里办起了托儿所和幼儿园。挑选有文化的女青年担任幼儿园教师，由生产队支付工分。幼儿园有幼师 6 名，常入园幼儿有 20 余名。在保障幼儿安全的基础上，对幼儿进行语言文字、计算、唱歌、舞蹈、图画等教育。“文化大革命”期间，幼儿园改名为育红班，常年有三四十名幼儿入园。幼儿教师每年都参加有关部门举办的培训班，通过培训学习，幼儿教师业务水平逐步提高。实行家庭联产承包责任制后，由于实行计划生育原因，全村幼儿减少，80 年代村里未开办幼儿园。1992 年，幼儿教育纳入村学校管理，村小学设立学前班，配备人员做幼儿教育工作，幼儿教育逐步走向正规化。2003 年 9 月，学前班和村小学一同并入爱辉镇中心学校。

小学教育 1917 年，外三道沟屯在瑷珲劝学所督办下成立瑷珲县私立第八国民学校，校舍用民房。教员孟英安，学董江德福，有学生 15 人。教授内容有《三字经》《千字文》《四言杂文》等。东北沦陷时期，日伪政权实行奴化教育，将私立小学改为所谓的国民小学，在校学生 30 余名。开设课程有国文、算术、日语、图画、唱歌。1934 年，

外三道沟村小学（2016年）

在村中央新建了一栋土木结构校舍。教室面积80平方米，操场面积1200平方米，校园四周栽有杨树、柳树，有一名教师，为王纯显。1945年8月学校停课，到1946年下半年重新开课，在校学生40余名，教师王纯显，开设课程取消了日语。1948年，王纯显退休后，新调来李永宝任教。

新中国成立后，地方政府十分重视教育工作，建立了公办学校，学校教育逐步走向正轨，先后担任教师的有梁贵玲、王志山、史凌云、何根禄、富万成等。1950年，学校成立少年先锋队组织。到1956年，先后有16名学生从村小学毕业升入初中，有些学生因家庭困难等原因，辍学参加了农业生产。1963年，外三道沟村开始有完全小学。1965年，小学升初中考试9名学生全部毕业，其中有4名学生考入爱辉县第三中学，受到爱辉县教育科的表彰。1967年，增设戴帽初中班。

1983年，撤销了戴帽初中班，学校体制恢复到完全小学。1991年前，学校因校舍紧张，存在2个复式教学班，因而影响了教学质量。1991年春，原校舍拆除，外三道沟村、外二道沟村、外四道沟村共同出资19万元，在原校址操场西侧新建420平方米的标准化教室。此后，撤销了复式教学，全校教学质量稳步提高。1992年，台湾人士李志仁为学校捐款2万元，建成42平方米的实验室。1994年，学校代表黑龙江省接受合格小学国家验收检查，验收合格。1997年，外三道沟村、外二道沟村、外四道沟村集资1.2

万元进行校园围墙改造，新建了铁栅栏围墙。1998 年年底，学校接受省标准化小学检查验收合格，成为首批省标准化农村小学。1999 年 8 月，上海知青在下乡 30 周年之际，回访第二故乡，向学校捐赠了计算机和打印机 1 台（套），外三道沟村小学率先在全区农村小学实现了计算机办公和教学。2003 年 9 月，村小学撤销，并入爱辉镇中心学校。1983—2003 年，外三道沟村学校共有 386 名小学生毕业，全村适龄儿童入学率和小学生毕业合格率均达 100%。

中学教育 1965 年，外三道沟村开办农业中学（1 个班，6 名学生）。1967 年，农业中学改为普通初中，与村小学合并，时称戴帽中学。初中学制 2 年，有初一、初二两个教学班，开设课程有语文、数学、物理、化学、俄语等。小学和初中共有教师 8 名。学生来自外二道沟、外三道沟、外四道沟 3 个生产队，在校学生 53 名。学生初中毕业后一部分考入爱辉中学，一部分回村务农。1968 年，外三道沟生产大队在村西侧新建了一栋砖瓦结构校舍，秋季建成启用，教室面积 315 平方米，校园面积 7000 平方米。新学校的建成改善了教学条件，也为村里提供了文化活动场所，学校建有舞台和化妆室，教室与教室之间用木质活动的大门板墙隔开，村里开大会、文艺演出和看电影时，把木板门墙打开，变成大礼堂。“文化大革命”期间，学校过分强调学工、学农，搞所谓的“开门办学”，造成教学质量下降。1972 年，大队党支部为了加强学校思想政治工作，选派了两名党员罗铁良、关静贤到学校任教。此后，大队又先后选派上海知青黄心民、裘云仙、马建、李金年、程蓓华等到学校任教，有效地提高了教学质量。1973—1975 年，学校进一步响应上级勤工俭学、开门办学的号召，成立了薄铁组和打捞组。学校购置了 2 只木船打捞木头（黑龙江上游漂下来的木头），打捞的木头一部分外卖销售，解决学校经费不足的问题，剩下的木头建起了学校围墙和一栋面积 97 平方米的 2 户教师住房。生产队为了支持学校的勤工俭学，拨给学校 1 辆马车，派社员专职管理。学校还种植了 3 公顷耕地。为了解决各教室之间上课串音，影响教学质量的问题，全校师生利用一个暑假，将大木板墙拆掉，建起了板夹泥墙。1983 年，初中两个年级组共计 30 余名学生并入爱辉中学。

1970—2019 年，全村共有 600 余名学生初中毕业，有 400 余名学生高中毕业或考入中职学校，有 80 余名学生考入大中专院校，其中有 35 名学生考入大学本科院校就读。

1956—2003 年，共有 6 人先后担任外三道沟村学校校长。1949—2003 年，共有 59 人先后在外三道沟村学校担任教师。

外三道沟村学校校长、教师名录一览表

表 6

年份	校长	教师
1956—1960	车明巨	李永宝、梁贵岭、王志山、史凌云、何根禄、富万成、车明巨、孟宪军、徐荣耀、康宝成、武文绪、关常茂、宋学臣、吕慧萱、孙玉芝、关淑梅、王继爱、单英臣、黄心民、裘云仙、马　建、程蓓华、臧士江、关静贤、吴雪洁、关树强、李金年、关文正、关奎喜、关月华、刘克伟、李春燕、关士厚、关月琴、杨树广、徐锡清、张兴启、张素珍、姚永利、王荣辉、关秀范、祝铁生、李迎华、张　杰、俞　杰、王玉林、关志伟、张一弘、刘一红、马爱玲、张广慧、林晓秋、富静华、李　明、罗　焱、张　丹、刘　惠、李　芹、罗　鑫
1961—1962	孟宪军	
1962—1977	徐荣耀	
1977—1981	宋学臣（代理）	
1981—1986	张兴起	
1986—2003	罗铁良	

高校深造　1977 年恢复高考以后，外三道沟村历届高中毕业生纷纷报考大学。1994 年 9 月，外三道沟高中毕业生孟欣考入齐齐哈尔师范学院，是该村第一个大学生。1998 年，车征考入南京林业大学，是该村第一个到外省就读的大学生。1999 年，祝绍良考入牡丹江医学院。进入 21 世纪，外三道沟村几乎每年都有高中毕业生考入大学，至 2019 年 8 月，外三道沟村共有 35 人考入大学。

1994—2019 年外三道沟村籍考入本科院校学生一览表

表 7

姓名	性别	出生年月	入学时间	录取院校	所学专业	学历
孟欣	女	1974 年 2 月	1994 年 9 月	齐齐哈尔师范学院黑河分校	经贸俄语	研究生
车征	男	1978 年 10 月	1998 年 9 月	南京林业大学	管理工程	本科
祝绍良	男	1981 年 1 月	1999 年 9 月	牡丹江医学院	临床医学	本科
车燕	女	1983 年 1 月	2002 年 9 月	齐齐哈尔师范学院黑河分校	汉语言文学	本科
范园园	女	1985 年 3 月	2003 年 8 月	黑河学院	汉语言文学	本科
杨飞飞	男	1983 年 12 月	2003 年 9 月	北京工商管理专修学院	计算机应用与管理	本科
臧丹	女	1985 年 10 月	2004 年 9 月	黑河学院	美术学	本科
杨阳	女	1987 年 6 月	2006 年 9 月	黑龙江中医药大学	护理学	本科
王琼	女	1988 年 11 月	2007 年 8 月	大连交通大学	通信工程	本科
孙舒慧	女	1989 年 10 月	2008 年 9 月	黑龙江外国语学院	对外汉语	本科

续表 7

姓名	性别	出生年月	入学时间	录取院校	所学专业	学历
关辉	男	1990 年 10 月	2009 年 8 月	黑河学院	计算机	本科
张家乐	女	1990 年 10 月	2009 年 9 月	哈尔滨理工大学远东学院	会计学	本科
宁贺	男	1990 年 10 月	2009 年 9 月	牡丹江医学院	麻醉学	本科
范姜峰	男	1991 年 11 月	2010 年 8 月	哈尔滨理工大学	会计学	本科
乔晨	男	1992 年 10 月	2012 年 8 月	大连民族大学	艺术设计	本科
臧鸽	女	1993 年 9 月	2012 年 9 月	齐齐哈尔大学	汉语言文学	本科
宁翔	男	1994 年 7 月	2013 年 9 月	牡丹江师范学院	体育教育	本科
高梦琦	女	1994 年 8 月	2014 年 8 月	辽宁师范大学	影视美术	本科
车彤	女	1995 年 4 月	2014 年 8 月	哈尔滨学院	社会体育指导与管理	本科
王瑜	女	1995 年 11 月	2014 年 9 月	黑龙江科技大学	工程管理	本科
关一涵	女	1995 年 3 月	2015 年 8 月	中南民族大学	电子商务	本科
宋长磊	男	1996 年 10 月	2015 年 8 月	东北农业大学	视觉传媒系	本科
宋长扬	男	1996 年 8 月	2015 年 8 月	哈尔滨理工大学	土木工程	本科
富佳文	男	1996 年 8 月	2015 年 8 月	齐齐哈尔大学	体育教育	本科
关烁	女	1993 年 11 月	2015 年 9 月	哈尔滨学院	服装与服饰设计	本科
张静文	女	1996 年 3 月	2015 年 9 月	哈尔滨师范大学	数学与应用数学	本科
关欣苗	女	1997 年 1 月	2016 年 8 月	哈尔滨剑桥学院	会计学	本科在读
乔宏旭	男	1997 年 10 月	2016 年 8 月	黑龙江东方学院	土木工程	本科在读
车姝怡	女	1998 年 12 月	2017 年 8 月	哈尔滨远东理工学院	国际经济与贸易	本科在读
关嘉翰	男	1998 年 11 月	2017 年 8 月	哈尔滨华德学院	商务俄语	本科在读
关馨悦	女	1999 年 7 月	2018 年 8 月	哈尔滨广厦学院	财务管理	本科在读
乔颖	女	1999 年 11 月	2018 年 8 月	哈尔滨石油学院	俄语	本科在读
武佳伊	女	2000 年 11 月	2019 年 8 月	哈尔滨音乐学院	管弦系	本科在读
杨皓楠	男	2000 年 12 月	2019 年 8 月	哈尔滨远东理工学院	财务管理	本科在读
杨雪晴	女	2000 年 3 月	2019 年 8 月	哈尔滨金融学院	商务英语	本科在读

业余教育 解放后，村里于冬闲时开办夜校，主要以扫盲为目的，聘请小学教师教认字写字，同时也进行阶级教育。群众因为尝尽了不识字的苦头，学习的积极性很高，尤其是妇女每天晚饭后，高高兴兴地到夜校参加学习，真正享受到获得解放的自由。对孩子小不能参加夜校学习的妇女，则采取由小学生上门送字的办法，使扫盲率大大提高，到1960年全村基本扫除文盲。此后，开办了青壮年参加的民校，学习文化和科学种田等内容。“文化大革命”期间，学习“小靳庄”办政治夜校的经验，开展学习毛泽东著作、时事政治等，县和公社驻村干部也参加学习并担任讲解，请公社农业技术推广站的技术员讲解农作物栽培、土壤改良等农业新技术。1979年，生产队聘请农机局专家苑士星、迟树廷到队里举办农机培训班。选送有文化的青年参加县、公社举办的各类培训班。徐荣绵、孟文利和上海知青韩永明先后参加爱辉县举办的畜牧兽医半年学习班，掌握了牲畜防病治病技术。上海知青施伯昌参加了为期半个月的水利技术培训班，学习水平仪测量、数据记录和计算。1958—1980年，先后选送杨万有、关占儒、关文孝、车明志、肖汉臣、关占胜等人参加爱辉县举办的农业机械化技术培训班。关树岐、徐峰经过一年的系统学习，获得了爱辉县颁发的农机化技术员证书。宁石林、关文江、姚丽群先后参加了黑河地区和爱辉县举办的医疗卫生学习班，成为出色的赤脚医生。实行家庭联产承包责任制以后，村委会十分重视村民素质教育，利用冬季农闲季节，开办各类农业新技术应用培训班，学习如何正确使用化肥、选育良种、成本核算、记账算账等课程，推动新型农民素质的提高，备受村民欢迎。

◉ 文体活动

群众体育 新中国成立后，由于物质文化生活水平的不断提高，群众性的体育活动逐步开展和普及，篮球、足球、乒乓球、田径、棋类等现代体育运动项目在群众中推广。1969年，在知青的带动下，群众体育活动掀起高潮。知识青年和学生、青年社员在夏季晚饭后，都要组织一两场篮球和乒乓球娱乐性比赛，小孩和老年人围观助兴。每年的“五四”青年节，村团支部都要组织篮球和乒乓球比赛，有时也到邻村去比赛。为纪念毛泽东主席畅游长江，村团支部组织青年和学生开展畅游黑龙江活动。

随着美丽乡村建设的深入开展，人居环境的进一步改善，体育设施更加完备，以健身为目的的群众体育运动成为村民的自觉行动。早晚散步的人多了，男女老少热衷扭秧歌，跳广场舞。外三道沟村临靠黑龙江，具有冬季滑冰、玩雪橇，夏季游泳、划船等得天独厚的优越条件，这些体育项目是深受村民喜爱的主要的活动内容。文化广场建成后，又增加了雪地足球项目。

运动会 20世纪70年代初至80年代中期，生产队几乎每年都举办一次运动会，并派小学、初中、成年代表队参加爱辉公社举办的田径运动会，均取得较好成绩，所排名次均在前三名。1981年，外三道沟学校初中代表队以不足20名运动员的队伍战胜上百名运动员的爱辉中学代表队，夺得团体总分第一名。村级初中战胜镇级中学，这在爱辉镇的历史上是第一次。学生宁福钦在跳高的项目中，跳过了177厘米，并代表黑河地区参加了黑龙江省第六届全运会。1992年，爱辉镇举办田径运动会等大型体育赛事，带动了群众性体育活动的进一步开展，体育活动内容更加丰富，除了竞技体育运动项目外，还增加了拉杠、滚轮胎等劳动技能项目。此后，外三道沟村代表队在乡镇运动会上多次取得成年组第一名的好成绩。

群众文艺 1979年黑河建成电视台后，生产队买了一台波兰产的30英寸黑白屏幕电视机，放在文化俱乐部的舞台上，每天晚上为群众播放。后来各家各户先后都买了电视机，电视节目走进了村民家中。进入21世纪，村里成立了农村文化大院，组建了农民业余文艺队，群众文化活动更加丰富多

打篮球（2011年）

村民在村委会文化大院自娱自乐（2011年）

村民在文化活动中心演出节目（2013年）

彩。村民自编自演唱歌、舞蹈、相声、快板等节目，自娱自乐。

文体设施 解放前，外三道沟村没有文体基础设施。解放初期，群众性文体活动的开展主要利用学校、队部、食堂等运动场地。1971年，生产队在知青宿舍前修建了篮球、足球、羽毛球、单杠、秋千等运动项目场地，制作了乒乓球台等体育设施，满足群众锻炼身体的需要。1976年，生产队建起一座480平方米砖瓦结构的俱乐部，内有舞台、化妆室、翻板靠椅及各种乐器设备，成为群众文化活动的场地。1979年，生产队专门派车到哈尔滨购置服装、乐器和道具，为群众开展文化活动创造了条件。2009年，黑河军分

文化广场体育设施（2020年）

2012年8月19日，外三道沟村村民在文化广场上演出《走进新时代》

区捐款20万元，由村里义务出工，把俱乐部改建成文化活动中心。新建的文化活动中心有舞台演出设施、电影放映设备，有剧场、图书室等。2010年，在爱辉区有关部门大力支持下，建成4000平方米集健身、文艺、休闲于一体的文化广场，为群众进行健身活动创造了有利条件。

◉ 医疗卫生

疾病防治 解放前及解放初期，村民患病，都要到瑷珲镇找中医小李先生（百姓称）诊治。新中国成立后，乡里成立了卫生院，群众生病就到乡卫生院诊治。1952年，村里派关淑芳参加了瑷珲县举办的推广新法接生培训班。关淑芳学成回村成为本村新法助产护士，采用新法接生，保障了妇幼生命安全和健康。1962年，村成立卫生所，配有普通的医疗设备和药品，由宁石林担任卫生员。1964年4月，外三道沟村为青少年接种牛痘。同时，积极配合县、公社卫生部门做好防疫知识的宣传，采取预防接种、服用药物等措施和杀虫灭鼠等手段，加强了流脑、结核、克山病、甲状腺囊肿、天花、麻疹、霍乱等传染病、常见病的防治。通过开展爱国卫生运动，环境卫生进一步改善，村民养成了良好卫生习惯。

外三道沟村卫生所（2019年）

赤脚医生　1965 年，宁石林去黑河卫校进修学习期间，由关文江、孟文耀担任卫生员。1967 年，爱辉公社卫生院徐荣久、梁文清夫妇被下放到外三道沟生产队，梁文清担任赤脚医生。1968 年，宁石林学成后回到卫生所，卫生所有 3 名赤脚医生。宁石林还担任外二道沟生产队和外四道沟生产队的医疗工作，步行轮流到 3 个生产队巡诊，一队一天，风雨不误。1969 年，梁文清调回爱辉公社卫生院，姚立群接任赤脚医生工作。几名赤脚医生都具有一定的专业水平，一般常见病不用出村即可就医，方便了群众。知青秦淑芬、虞海南等曾担任赤脚医生。

合作医疗　1972 年，实行合作医疗，每年每人交 2 元钱，收取诊费、注射费各 5 分钱，其余部分由生产队核销。实行家庭联产承包责任制后，卫生所由个人承包，后转化为家庭诊所，诊所业务归上级医疗卫生部门管理，医生有关文江、董明丽，负责防病治病、计划免疫、医疗卫生知识宣传等工作。

2011 年，国家实行新型合作医疗政策，全村新农合参保率为 100%。外三道沟村先后多次获省级卫生先进村、省级环境文明示范村等先进称号。2010 年获黑河市人口和计划生育工作先进集体称号，2011 年获黑龙江省人口和计划生育基层群众自治示范村称号，2009 年、2012 年、2018 年获黑龙江省卫生先进村称号。

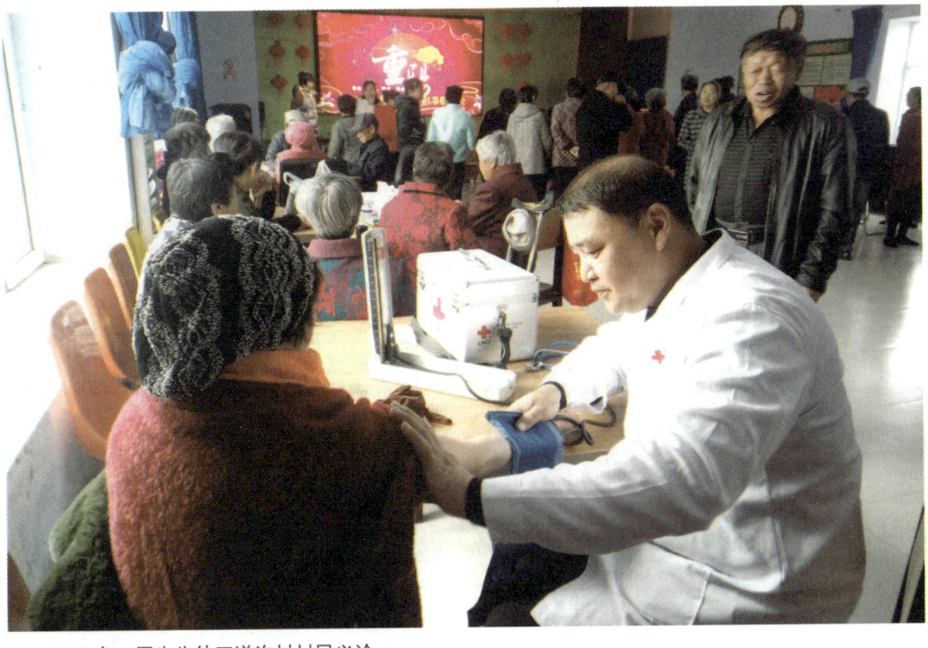

2018 年，医生为外三道沟村村民义诊

◉ 社会保障

村民福利 在实行家庭联产承包责任制之前，每逢年节生产队杀猪、杀牛、宰羊，按人口低价分给村民，年末统一结算。每年秋末冬初，生产队加工豆油分给社员，补充豆油供应不足的问题。生产队生产的白菜、萝卜分给社员，开始每户收 1 ~ 2 元钱，后来免费供给。农户用电按灯头收费，每个灯头年收 1.5 元左右，生产队给予统一核销，社员用电免费。改革开放后，由于经济发展，市场逐步繁荣，物资不再紧缺，村民可以在市场上购买各类商品，所以村里不再搞供应性质的福利。

退休制度 1982 年 4 月中旬，经爱辉公社党委批准，外三道沟大队实行社员退休制，凡本村社员满 60 周岁的每年发 300 元，该制度实行到 1985 年。1983 年 6 月 29 日，外三道沟大队组织 16 位退休老社员在大队干部和卫生人员的陪伴下，乘车赴哈尔滨游览观光。20 世纪 90 年代以后，村委会落实国家惠农政策，农村最低生活保障、新型农村合作医疗、农村社会养老保险、阳光保险等惠农政策使村民享受到了改革开放的红利。

各类补贴 外三道沟村农民享受的补贴分为以下几类：农业生产类补贴，包括种粮

外三道沟村社区综合服务中心（2020 年）

直接补贴、农机具购置补贴、农资综合直接补贴等；社会保障类补贴，包括农村合作医疗补助资金、农户住房保险补贴等；救灾救助类补贴，包括各种救灾、救济补贴等；设施建设类补贴，包括村屯道路建设补贴、饮水工程补贴、污水处理设施建设补贴等；特定群体类补贴，包括计生补贴、教育补贴、退伍军人补贴、农村低保及五保补贴等；日用商品类补贴，包括国家实施的“家电下乡”中对农民购买指定家电品种的补贴等。

社会救助 对于无子女的孤寡老人和五保户，所需费用在生产队的公益金中列支，民政部门每年拨发救济款物给五保户，孤寡老人独立生活或到敬老院生活由老人自由选择。对于年老体弱、生活较困难的老社员、老党员、老干部，党组织、民政等部门每年都给予一定的慰问金。

外三道沟村俯瞰图（2020 年）

文化旅游

外三道沟村自建村以来，十分重视文化延续和积淀。建设文化大院、村史馆和农家书屋，组织开展丰富多彩的文化娱乐活动，自办“村晚”、传唱村歌等，丰富了村民精神文化生活。深入挖掘整理具有地域特色的民间故事、族谱家规和方言谚语等历史文化遗存，使地域特有的语言谱系得以传承，家庭美德得以弘扬，筑牢了外三道沟村的文化根基。发展乡村旅游，建设文化广场、知青特色民宿、垂钓渔场等旅游设施，入选第三批全国乡村旅游重点村，跻身“中国美丽休闲乡村”。

◉ 乡土文化

外三道沟村歌 在编修村志过程中，知青张刚提议并邀请著名书法家、国家一级美术师、教授周京生创作了外三道沟村歌，并命名为《塞北圆舞曲》。村歌公布后，得到村民和社会的广泛认可和赞同，竞相传唱。2020 年 7 月 29 日，在外三道沟村文化活动中心召开村民大会，全体村民首次合唱演出。

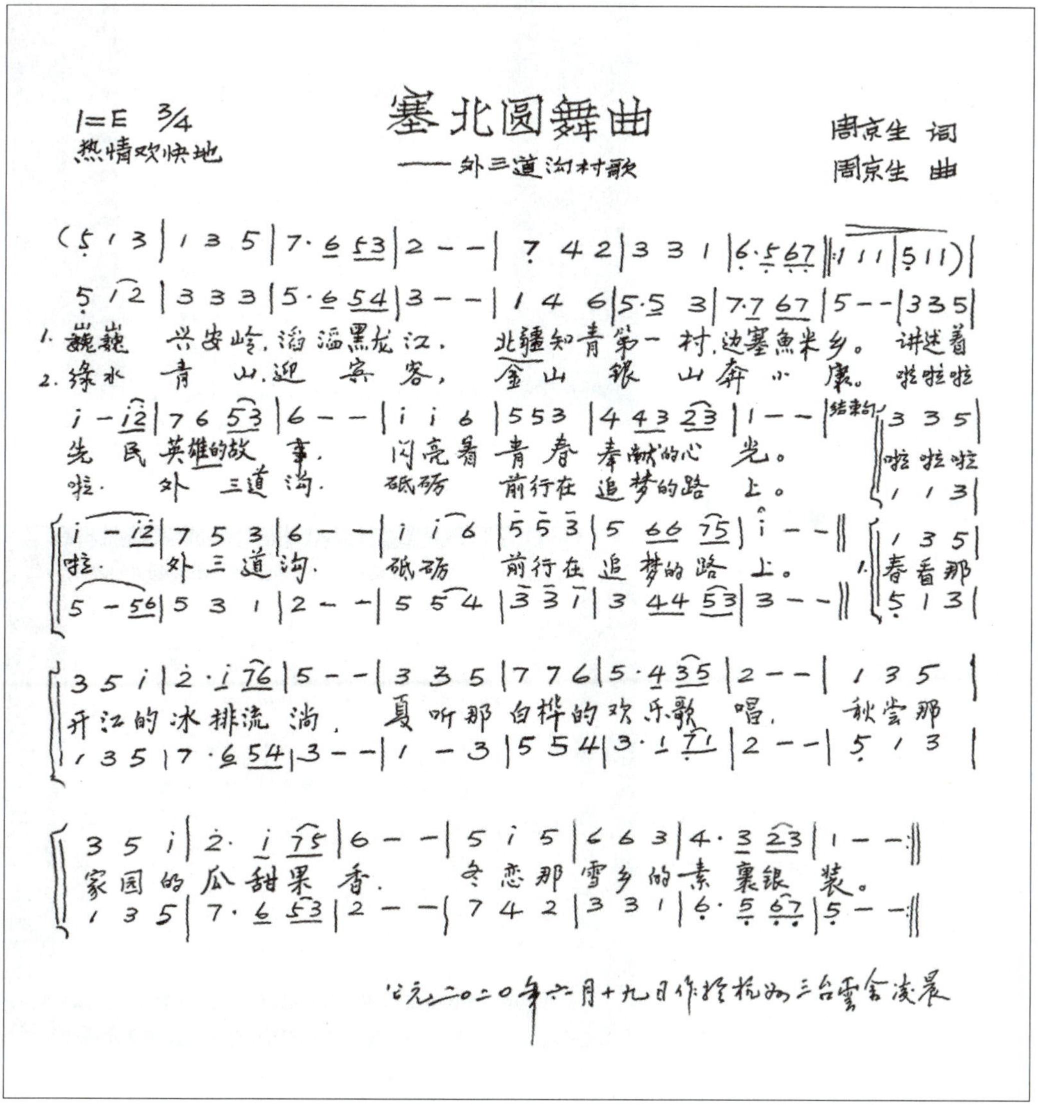

村史馆 外三道沟村史馆是黑河市首个村民自筹建立、以本村历史沿革为内容的展馆，2014 年 10 月建成，位于村中心，馆舍面积 100 余平方米。2020 年，村史馆改陈，突出了知青历史和文化，面积增至 336 平方米。馆内陈列了不同年代的农业生产工具、生活用具，满族民俗物品以及不同年代的照片。同年 8 月，村史馆加挂国家方志馆知青分馆授予的“国家方志馆知青分馆北疆知青第一村陈列馆”牌子。

周京生题写的馆名（2020 年）

村史馆展厅展线总长 107 米，共分 3 部分，由 200 余件文物及 200 张展板组成。前言：简要介绍知青年代背景，用一整张画面阐述外三道沟村与上海知青浦江连龙江的深厚感情。第一部分黑龙江的述说：主要介绍外三道沟的沿革，从历史、村史、经济、农业、教育等方面展现外三道沟村今昔翻天覆地的变化。第二部分新儿女英雄传：主要介绍知青在外三道沟与百姓同吃同住，老乡有了新“儿女”，知青有了新“父母”，知青教村民学文

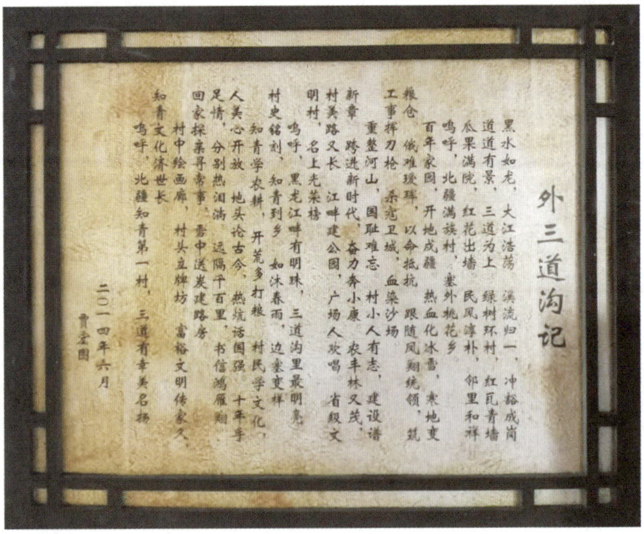

贾宏图作《外三道沟记》（2021 年）

村史馆（国家方志馆知青分馆北疆知青第一村陈列馆）内景（一）（2020 年）

村史馆（国家方志馆知青分馆北疆知青第一村陈列馆）内景（二）（2020 年）

化搞副业，村民教知青生活技能，开荒种地，同甘共苦积累下深厚情谊。第三部分五十年不了情：主要介绍知青返乡后回访和回报第二故乡，助学、修路，帮老乡致富，邀请老乡去上海观光游览等事迹。结束语：展示了 107 名知青与外三道沟村民将延续 50 年的乡愁，50 年的不了情。

2016 年，黑龙江省作协瑷珲创作基地揭牌

黑龙江省作协瑷珲创作基地 2016 年，黑龙江省作协为鼓励作家和文学工作者深入生活采风和创作，在外三道沟村江边富强路 77 号建立黑龙江省作家协会瑷珲创作基地。基地由瑷珲镇租用村民住房改建而成。创作基地紧依黑龙江，北眺卡伦山，南望瑷珲城，黑龙江上下 10 千米一览无余，是休闲和写作的好地方，吸引了全国各地的作家及文学爱好者到此创作采风。以乡村生活体验为主题，建有农家院、菜园、写意创作室等，有房舍 100 平方米，图书数百册，设有沙发床、火炕、书桌、靠背椅等设施。在没有下水道的情况下，用竖井式的方法安装了卫生间。9 月 20 日，黑龙江省作协瑷珲创作基地在外三道沟村揭牌。省作协党组书记赵德信，黑河市委常委、纪委书记于凤荣为基地揭牌。省作协瑷珲创作基地是中国最北端首个作家创作乡村基地，填补了黑河市爱辉区文学创作基地的空白，搭建了作家体验平台，对进一步提高瑷珲镇和外三道沟村知名度，丰富群众文化生活，打造“文化爱辉”“文化黑河”的新形象起到了积极的推动作用。

村办村晚 从 1995 年开始，村里的文艺爱好者自发举办春节联欢晚会，村委会大力支持。春节联欢晚会的所有节目均由村民自编自导自演，有舞蹈、独唱、小合唱、表

2012 年村晚

2015 年村晚

2019 年村晚

2019 年村民观看村晚

演唱、歌伴舞、小品、群口快板、诗朗诵、三句半等，演出内容丰富，形式灵活多样，穿插多轮抽奖环节。演出期间，有些村民即兴登台表演节目，充分体现了村民的精神风貌。近年又增加了与上海知青视频互动内容，并邀请边防部队官兵参加联谊演出，使整台晚会更加热烈欢快。村办春晚正月初一 17 点准时开演，90% 以上村民前来观看，座无虚席。村活动中心改建后，演出吸引了邻村，甚至黑河城里的观众前去观看。主持人有 4 ~ 6 位，多数为大学生，也有村干部。自家人演自家人看，台上台下一片欢声笑语，村办春晚受到村民广泛欢迎和赞赏。村民把村办春晚谐称为“村办村晚”。

农家书屋 原为村图书室。上海知青自 2009 年起，多次向村图书室捐赠图书，共捐赠 1 万多册。2012 年，外三道沟村民集资 8000 元购置图书 1200 余册。爱辉区图书馆对图书分类进行指导，建成农家书屋。藏书分为社科、历史、地理、文学、科技、卫生等类别，珍藏有外三道沟知青编的百余册知青图书，如《北疆知青第一村》《北疆知

外三道沟村农家书屋（2013 年）

青第一村（续）影集》《北疆知青第一村（叁）记事》《中国知识青年上山下乡大图集》《中国知识青年上山下乡研究文集》《我们的故事》《青春叙事画册》《那山那水那嘎坺》《那人那情那命运》《青春叙事》《知青老照片——上海知青在黑龙江》等。

扭秧歌　唱秧歌　扭秧歌是春节期间外三道沟村的主要文化活动内容。农民群众自愿组织秧歌队，以踩高跷、舞龙灯、摆旱船、耍狮子、老汉推车等多种形式，走街串巷，边舞边唱，丰富多彩，热闹非常。解放初期，外三道沟村的大秧歌保留着东北大秧歌的原始形态，即表演者不仅仅是舞动扇子和彩绸，而且还舞动画着五谷样式的灯笼，最常见的是带穗的玉米秧棵，其次为谷子、小麦、水稻和大白菜等。清代学者杨锡恒描写瑷珲上元节闹秧歌的诗歌为证“由来戏事关农事，前队先迎五谷瓶”；意为秧歌队前面的人们举着五谷瓶，五谷瓶即瓶式的灯，上面绘着五谷样式，取五谷丰登之意。选在适当的地点和时机由领队人唱起喜庆的歌词，以此欢庆丰收，秧歌即由此而谓之。外三道沟村的老秧歌由高个的青年小伙身着各种颜色、图案的旗袍，搽脂抹粉，戴上花冠，装扮成俊俏的大姑娘，叫作妞角。丑角则画得俏皮一些。在锣、鼓、喇叭的引领下，瓶闪闪、扇摇摇、步盈盈，给人以飘逸、多彩、欢悦的感受。春节期间，一般都从正月初三开始扭，到各家各户去拜年，扭完几圈后，由秧歌队里的“耍工嘴”（领队）韩富准来唱歌，根据各家的特点现编现唱，妙语连珠。譬如在娶新媳妇的人家，便唱道：“新年快乐啊，今年春来早。给您拜个年，祝福生活过得好。添车又买马啊，来年生个大胖小啊。”到老年人家，便唱：“二位老人要想得开啊，无病又无灾，三顿饭要吃好，抗折腾又抗摔。活到八九十岁啊，上天说也应该呀。”唱后众看客鼓掌喝彩，高声叫好，被赞许者给秧歌队赏钱，领队收钱后高喊赏钱数额，一般均多报数倍或吉利数，以赢得喝彩声。20 世纪 50 年代后期，村里的女青年思想解放也纷纷参加扭秧歌队，穿绸缎服装，给秧歌队平添了靓丽色彩。其间，外三道沟村的秧歌队多次参加全乡、全镇比赛，多次取得第一名的好成绩。60 年代中期以后，扭秧歌活动逐渐萧条。

舞龙游街（2020 年）

扭秧歌、唱秧歌（2015 年）

到了 20 世纪 90 年代，村里组建起秧歌队，购置服装、锣鼓、唢呐、音响等文化娱乐设备，中断近 30 年的大秧歌又重新回到群众文化活动中。秧歌队参加了 2012 年黑河市爱辉镇专场演出和 2018 年重阳节演出。2012 年全镇秧歌比赛，外三道沟村秧歌队统一制作浅蓝色服装，腰系红绸子，双手持粉色扇子，头上戴浅蓝花一枚。还配有花篮、舞龙、旱船、老汉拉车等。由于服装创新、容貌靓丽、动作整齐，得到观众交口称赞，获一等奖。2013 年获爱辉镇瑷珲上元节花灯制作最佳奖，2014 年获瑷珲上元节秧歌表演一等奖。2018 年正月初五，秧歌队应邀到黑河市区中央街演出，参加瑷珲正月十五上元节的庆典活动。2019 年，参加瑷珲上元节秧歌会演再次折桂。

排戏演戏 新中国成立后，外三道沟村人生活安定，文化生活逐渐兴起。村里组织成立了业余剧团，演员由本村青年男子组成。每逢春节，都要组织排一场剧。剧场设在学校，临时搭舞台和看台。所排剧目，都是根据国家形势和政策，进行宣传教育，由导演关万铃、车明巨选出剧本，通过定角色、抄台词、对剧、彩排等程序、按规定日期开演。如 1949 年春节，由徐荣安、车淑美主演的歌剧《矿工》，描述旧社会煤矿工人受压迫、受剥削、吃不饱、穿不暖，暗无天日，牛马不如的生活，给群众上了一堂痛恨旧社会，热爱新中国的生动教育课。这是新中国成立后村民排演的第一个剧目。从此，群众喜欢上了自家排演的戏剧。1953 年春节，由中学生关淑芳、唐富贵主演的歌剧《王贵与李香香》受到村民欢迎。剧情反映青年反对包办婚姻、争取自由恋爱结婚的故事，由于演员嗓子好、歌唱动人心弦，而且在爱、怨、愁等情节表演得生动自然，深刻细腻，感

2017 年，曾参演歌剧《洪湖赤卫队》的部分演员合影

情真挚，深受观众赞扬。正月初三演出一场后，应群众要求在正月十五又演一场。此后，排戏演戏成了外三道沟村文化生活中重要组成部分。几乎年年春节排演新剧目。1956—1979年，先后演排大型剧目共计17部。先后有：评剧《废铁炼成钢》、歌剧《刘胡兰》、话剧《林海雪原》、评剧《社长的女儿》《丰收之后》《箭杆河边》《红松林》《红嫂》、歌剧《革命梆声》《江姐》《洪湖赤卫队》、评剧《野火春风斗古城》、京剧样板戏《红灯记》《沙家浜》等。1967年元旦，排练了大型评剧《智取威虎山》和《奇袭白虎团》，并到爱辉公社演出。1971年后，上海知青参加演出，增添了新的力量。1975年排演了大型龙江剧《艳阳天》，被邀请到公社演出，由上海青年黄心民设计的布景及音响独具匠心，演员化妆、形象、唱腔、做派到位，使人赏心悦目，受到广大观众的高度评价。排演的节目除在本村演出外，还应邀到邻近的四道沟、西三道沟等村屯演出，一个剧目要演十多场，一个正月忙个不停。外三道沟村的剧目和文艺演出不断推陈出新，得益于一批承前启后、新老交替，具有一定文艺素养的演员，如车明巨、肖汉臣、林汉杰、关文正、孟庆海、罗铁良、孟月芳、关月华、姜月霞、徐锦荣、车竹华等，还有编导关常茂、韩贵林等。草根艺术营造出浓厚的乡土氛围，与剧中人物、情节相融合，使人觉得可亲可爱，接地气的表演受到村民欢迎。

方言　谚语

方言　作为北方方言一种的东北方言，简洁、生动、形象，富有节奏感，与东北人豪放、直率、幽默的性格吻合。本村方言多数是东北话，应用比较广泛。

方言及解释一览表

表8

方言	白话	方言	白话
坐窝儿	原先，本来是	整个浪儿	全部
浮流浮流	水或油装得太满，要溢出	皮拉	耐折腾
日日的	速度快	肉拉呱唧	说话办事缓慢
惹喇子	惹祸	擎等着	不行动，坐等成果
齐呲咔嚓	行动快，干净利索	划魂儿	怀疑，不知怎么办

续表 8

方言	白话	方言	白话
叽叽咯咯	口角不断	竟意儿	故意
念三七	叨念，阴阳怪气说闲话	透笼	明白，清楚
贴护	靠近	喇呼	粗心大意，马虎
秃噜	失算，事情没办成	牢嘣	结实
老鼻子	很多	卖呆儿	看热闹
冒矇	没把握，试探干	挫弄	使坏
咕咚	心眼坏	打怵	害怕担心
白话	能说，就是说不着边际的话，乱讲	嘘呼	假心假意
沙楞	动作快	划拉	扫，搜，乱画
老赶	不明白，外行	邪乎	严重，厉害
上哪客	去哪里	走字儿	运气好，顺当
包圆	全部包下来	不见起	不一定，也许
不老少	很多	打腰	得势
隔路	不随和	嘛达山	在山中迷路
老蒯	老年夫妻丈夫对妻子的称呼	猫月子	产期
打罢刀	离婚	吹呼	显示自己
秃噜反帐	不规矩，办事无头无尾	要尖卖快	争名夺利
哏咄	训人	皮儿片儿	乱七八糟的
破马张飞	张牙舞爪，疯张状	不断溜儿	连续不断
别脚	交通不便	笆篱子	监狱
拔犟眼子	说极端的话	水了巴察	差劲
老哇子	乌鸦	得了吧嗖	动作举止非常夸张，不够得体，招人讨厌
粘连子	坏事牵连到自己	甩剂子	发脾气，甩手走人
赛脸（上脸）	小孩顽皮，不听话	半拉子	未成年的劳动力

续表 8

方言	白话	方言	白话
假假咕咕	放不开，束手束脚，感觉不够坦诚	打狼儿	落后，最后一名
念秧	指桑骂槐	欠登儿	泛指哪里有事情哪里到，什么都想管的人
别楞	泛指叫人感觉不自在	撒眸	观察、寻找
抽冷子	趁人不备，突然做某件事	虎拉吧唧（二虎吧唧）	特别傻，做事不动脑筋，说话不经过大脑
体登	完蛋，坏事儿，糟糕	呲拉	谷物或物品被阳光晒或风吹
打误	车陷在泥里、打滑走不开	干巴拉瞎的	形容指食物干巴，（人或事物）干瘪
坐蜡	做事没成功，反而给别人和自己添麻烦	稀啦光汤	米粥稀，菜汤没油水
炸庙儿	引发众人发火愤怒	小店儿	小气，吝啬
瞎噗呲	过多地瞎说	走道儿	旧时称女人改嫁
搭疙	联系、联络	造一阵子	真行
鬼末哈赤眼	奸诈，狡猾状	滑模吊嘴儿	花言巧语
佯呆二怔	形容发愣的样子	徒弊	费力不讨好
章程	办法、能力	涞旋	特别夸张，不着边的话
别拉沃兹	俄罗斯制畜力原动机，用马拉带动脱谷机脱谷（俄语译音）	马神	泛指机器（俄语译音）
马神针（马神克）	缝纫机（俄语译音）	喂得罗	口大、底小有提梁的圆形铁皮水桶（俄语译音）
邦克	方形铁皮水桶（俄语译音）	别拉搭	火炉子（俄语译音）
俺巴拉	仓房（俄语译音）	布拉吉	连衣裙（俄语译音）
巴金克	大头鞋（俄语译音）	葛兰	水龙头（俄语译音）
康拜因	联合收割机（俄语译音）	马神箱子	需要动力拖动的木制脱谷机
马神迷子	机械操作手，机械维修工		

谚语 流传外三道沟村一带的谚语比较简练，一般言简意赅，反映劳动人民的生活实践经验，大多为口头流传下来的。

农业类

春不种，秋不收。

清明忙种麦，谷雨种大田。

小麦种在冰上，收在火上。

地里肥足，仓里粮足。

种地选好种，一垄顶两垄。

三铲三趟，粮食满仓。

过了芒种，不可强种。

有钱难买五月旱，六月连阴吃饱饭。

立夏到小满，种啥都不晚。

种地不上粪，等于瞎胡混。

一年两个春，黄土变成金。

不怕重茬，就怕迎茬。

节气抓不好，一年就拉倒。

二月清明麦在前，三月清明麦在后。

气象类

大旱不过五月十三。

早晨满天雾，尽管洗衣裤。

冬天不冷，夏天不热。

今年雪盖被，明年枕着馒头睡。

不怕初一下，就怕初二阴。

天上钩钩云，地上雨淋淋。

有雨山戴帽，无雨露山腰。

雹打一条线，风刮一大片。

久旱蛤蟆叫，不久大雨到。

小鸡不上架，当晚把雨下。

云自东北起，必有风和雨。

星星眨眨眼，出门要带伞。

家雀开会蛤蟆叫，大雨马上要来到。

蚂蚁搬家天有雨，蚂蚁晒蛋天要晴。

燕子钻天蛇过道，蚂蚁搬家有雨到。

旱刮东风不下雨，涝刮西风不晴天。

先下牛毛没大雨，后下牛毛不晴天。

七月十五看旱涝，八月十五定收成。

谜语 村民们在茶余饭后，各家互相“串门”，坐在一起闲谈，讲故事“破闷儿”（猜谜语），内容多是围绕生产生活的。它不仅是游戏，更是文化。

一个虎，一个豹，一个蹲，一个跳 —— 旧时用铡刀铡草

一个球，圆溜溜，夜里人人不见，白天家家都有——太阳

初一初出来，十五十六团圆，三十告别，下月再见——月亮

说是屋，不是屋，没门没窗户——菜窖

老大老大，四脚发跨，嘴里吃人，肚里说话——房屋

十个老头九十九，天天晚间插着手 ——门

小时四条腿，长大两条腿，老了三条腿——人

嘴像小铲子，脚像小扇子，走路晃膀子，水上划船子——鸭子

稀奇稀奇真稀奇，爹娘生我怪东西，人家说是皮包骨，我从生来骨包皮——蛋

一身疙瘩没有毛，终日蹲在坑边嚎——蛤蟆

一个老头寸把高，浅白麻点水蛇腰 ——花生

远看一朵花，近看一脸麻——向日葵

有根无土栽，有叶无花开——豆芽

又尖又红，多吃了嘴痛——辣椒

一年十二月，霜打不掉叶——松树

从南来了一群鹅，见水就跳下河——饺子

亲亲嘴，对对嘴，落在地上张着嘴——瓜子

喝了池中一碗水，又笑又骂又软腿——酒

南地有个猴，见人就点头——锄头

一只鹅，弯弯脖，遍地跑，净吃草——镰刀

长在山上，落在肩上，干活躺下，休息靠墙——扁担

不点不点，浑身是眼——顶针

两个小孩一般高，走路就打架，打架就动刀——剪子

老母猪，好大肚，走一天，没脚步——船

一个小篓，装下五口——鞋

白日里一肚子毛，夜里空肚子熬——帽子

两个老头一般高，一到吃饭就摔跤——筷子

小红萝卜三寸长，只见短来不见长——蜡

百十来个孩子，合住一间房子，身穿白袍子，头顶黑帽子——火柴

一样东西细又细，一个跟头一个屁——鞭炮

圆圆脸，方方眼，一个脸上有几百只眼——筛子

歇后语 外三道沟村人常说的歇后语，幽默、诙谐、喜闻乐见，村里群众常常运用在话语里，不仅活跃气氛，而且能够起到形象、趣味而有力的效果。

木匠拉线——睁一只眼，闭一只眼

张三（狼）逮驴——富富有余

牛犊子上套——没经验

黄鼠狼看鸡——越看越少

等公鸡下蛋——没指望

新衣裳打补丁——没有必要

癞蛤蟆打哈欠——好大的口气

老母猪打架——光使嘴

驴皮贴在墙上——这叫什么画（话）

马尾穿豆腐——提不起来

快刀打豆腐——两面光

老虎上山——谁赶（敢）

癞蛤蟆扑苍蝇——将供嘴

骑棒槌过河——有尖不露

新媳妇上轿——现扎耳朵眼

黄鼠狼生洞鼠子———一窝不如一窝

鸡蛋掉油锅——滑蛋

洗脸盆里扎猛子——不知深浅

狗戴帽子——装人

◉ 族谱家规

《关氏族谱》 据该村《关氏族谱》记载，瑷珲县一带的满族多数是清朝康熙年间，清政府为抗御沙俄对中国边疆的侵犯，从宁古塔、吉林乌拉、盛京等地征调来的驻军官兵后裔。满族姓氏，清末改为汉字姓氏，多数以谐音取姓。如关氏满族姓为瓜尔佳拉氏。在黑河一带，满族关氏有几支，有佛（旧）、伊彻（新）之分，外三道沟村的这支系佛满洲。伊彻满洲现有武姓、杨姓、何姓、陶姓、白姓、孟姓、曹姓等。这些伊彻满洲原来是汉族、蒙古族、鄂温克族等，后来归属于清，加入了旗籍。清政府为了加强管理，将本族划分为八旗子弟，如正黄、正红、正蓝、正白，镶黄、镶红、镶蓝、镶白旗。关氏是正黄旗。所谓的“正黄旗”多数是皇室人员后裔，男性出生后享受朝廷的俸禄。历史上曾有佟、关、索、马四大姓氏之说。据原谱记载：康熙年间，先祖兄弟二人，从宁古塔被征调为兵，边疆太平后，娶妻生子，在黑龙江已传十八代。

《富察氏族谱》 据该村《富察氏族谱》记载，其先祖伯尔泰佐下领催托雍额，原籍系世居宁古塔，清康熙二十二年（1683）十月，康熙帝下令设黑龙江将军，由萨布素首任，并率宁古塔兵1000人进驻额苏里（今黑龙江左岸）。据世代族谱记载及世代先祖口传记略：其族祖先托雍额随萨布素将军来黑龙江屯垦永戍。瑷珲满汉族人均系康熙年间始从宁古塔、吉林乌拉、盛京等地调来，其中，包括水师营人、汉军、驿站站丁、官庄庄丁等部分人。据家谱记载：祖先系正黄旗二佐。富察氏族人自18世纪初始迁徙至艾浒（瑷珲）后，到驻防大五家子。家族自托雍额始至今生息繁衍共十八代，迄已300余载。

《韩氏族谱》 据该村《韩氏族谱》记载，韩氏先祖于清康熙八年（1669）自山东济南府迁至黑龙江流域江东六十四屯，至今已有350年。在清光绪二十六年（1900），其先祖被沙俄军队赶出家园，被逼渡过黑龙江，进而“跑反”（意为躲避兵乱或匪患逃往别处）至卜奎，1907年才回到瑷珲地域。面对江东已被沙俄侵占，无法返回家园，只能散居在瑷珲周边各乡村，其中一支韩富准于1938年落户于外三道沟村。其族谱称续修家谱之目的：一是学习和继承先辈们千辛万苦探索和不屈不挠的拼搏斗争，为民族独立和解放，打击外国侵略者，保卫自己家园的爱国主义精神；二是学习和继承先辈们的功德善举，用自己的双手和汗水，自力更生，勤俭持家，奋发图强，建设美好家园的艰苦创业精神；三是学习和继承先辈们尊老爱幼，讲究孝道，履行抚养义务，团结乡邻，互帮互助的高尚品德和家风；四是学习和发扬爱我中华，明礼诚信，自重、自省、自警、自励、自爱、自强，重品行、做表率、立身不忘做人之本，为政不移公仆之心，永不损人利已，做一个高尚的人，有利于人民的人。

富察氏族规 族内不搞迷信，反对男尊女卑、重男轻女、虐老纵少，提倡晚婚、晚育、优生优育，族内不婚。议婚先察男女性行及家庭，不得苟同富贵。家庭的一切行为规范，必须以国家法律法规为准绳。申明：以孝悌为本，忠义为主，廉洁为先，诚实为重的原则，敬亲戚、尊耆老、接宾朋、信朋友、礼仪款、皆自然。家庭规则：敬长辈、孝父母，夫妻、兄弟、姊妹互相尊重，礼貌待人，诚实处事，相敬如宾，家和睦、财发达、人心奋、事业成，共奔小康。

车氏家规家训 家规：树立新观念、新思想、新道德，继承和发扬本族的传统美德；明礼诚信、男女平等、根除愚昧、争做有教养的新人；爱国守法、团结互利、勤劳奉献、为国强民富作贡献。家训：品行端正、孝养双亲、长幼有序、教育子孙、和睦乡邻、勤奋好学、忠于职守、扬善除恶。

◉ 民间故事

三道沟（五道沟）的由来

瑷珲镇通往黑河行至 9 千米处，紧靠黑龙江右岸有一块地势平整、四周山清水秀、人杰地灵的宝地，就是三道沟。三道沟名字的由来，流传着这样一个传说。

很久以前，这里鲜花盛开、树木繁盛、风景秀丽。黑龙江水浪花滚滚，一望无际，黑龙族与白龙族部落在这里居住。两个部落互不往来，各自为政。

黑龙族里聪明又活泼的雄性小青龙，偷偷爱上了白龙族里的一条文静又可爱，名叫“小花龙”的雌性小龙。

后来，两条小龙偷偷相爱的事还是被双方部落发现了，引起强烈反对。两个部落因此反目成仇，将两条小龙定罪，并规定：黑龙族不准娶白龙族的姑娘，白龙族的姑娘也不能嫁给黑龙族的小生。黑龙族与白龙族势不两立，双方的仇恨愈演愈烈，最终竟发展为一场前所未有的激战。

激战的双方都拿出了最好的装备，挑选出火力最大的 5 条小龙与对方的 5 条小龙挑战对垒。5 条小黑龙从古城镇郊区的岸边沿顶水一字排开，向对方吐龙气，吞吐潮水，用潮水把对方压倒、冲垮！只见江水波浪滔天，浪花汹涌拍打着堤岸……最后龙族双方由吐龙气而发展到撕咬、滚成一团……

最终，小黑龙打败了小白龙，白龙族战败而逃。从此，黑龙族部落留在此地繁衍生息。没有了黑龙族与白龙族的争斗，江水不再泛滥、涨潮，这里年年风调雨顺，年年都是好光景！这正是：

三道沟村有传说，
真龙卧江吉祥多。
浪花滚滚追日月，
天地映照好生活！

黑、白龙部族交战时，5 条小黑龙吐潮水的地方，天然冲出 5 条深浅宽窄不一的水沟。从瑷珲镇逆水而上一字排开，命名为头道沟、二道沟、三道沟、四道沟和五道沟。

现在的头道沟、二道沟和五道沟仍有“小桥流水绕人家”的景象。在二道沟与三道沟相对应的山脚下还有里二道沟、里三道沟。至今在里二道沟、里三道沟都有流水，相传那是龙吐沟的沟头，是龙留下的神韵！

这个传说不仅是三道沟、五道沟形成的依据，也成为这条大江为什么称黑龙江的由来。

黑龙江沿江客栈挂鱼圈幌的传说

解放前，黑龙江沿岸，特别是黑河至呼玛、漠河一带长途运输做生意的人很多，夏天跑帆船，冬天在结冰的江面上跑爬犁。在黑龙江沿岸村屯靠近江边的街道两旁，有许多客栈。其中有些客栈大门柱子旁支出一根横杆，吊挂着一个用箩圈编的罗圈幌和一条用木头刻成的鱼幌，表示客栈人粮、马料一应俱全。据说，这是从黑龙江将军萨布素带兵抗俄作战时兴起的。

传说，当年萨布素将军率大队清军到雅克萨城驱赶沙俄入侵者，人马到呼玛河河口时，粮草供应不足。东海龙王得知后，把龙宫前的柞树砍成木片，盖上龙府的朱红大印扔到海里，木片入水变为一条条腹上带有红色斑点的大马哈鱼。大马哈鱼奉命星夜兼程逆水而上解救清军，游到呼玛河河口后，全部跳到岸上。这些鱼不仅可供人吃，还可以喂马，人、马吃不完，萨布素下令把鱼晒干，作为口粮、马料。这样大军得以赶到雅克萨，并打了胜仗。为感谢大马哈鱼的解救之恩，萨布素下令，全体将士只能每年秋分时节才允许品尝大马哈鱼，如有违反就地斩首。

自此，黑龙江沿岸的客栈挂出带大马哈鱼的鱼圈幌。客栈用木板制成大马哈鱼形的鱼幌，刻上眼睛、画上鱼鳞，在鱼肚腹上点几个红点，作为被江底砂石磨掉的白底朱红大印印迹，挂在罗圈幌下面，组合幌成为一个别具地域特色的标志。

◉ 乡村旅游

外三道沟村依托良好的生态优势、优美的自然环境、便利的交通条件、完备的基础设施，以其浓郁的乡村文化、满族文化、知青文化，被誉为满族聚集地、北疆知青第一村。2012 年，开始依托村内良好的基础设施及生态环境，积极发展乡村旅游业，逐步完善基础服务设施。2013 年年初，组建起 20 家知青旅馆。当年 7 月，杭州第二届“富中 AP 杯”大型社会实践活动走进外三道沟村体验生活，重走知青路。2014 年，村民筹建的村使馆建成，展现该村百年发展变迁。2019 年，外三道沟村已建设成为一座集文化游览、知青生活体验、园田采摘、垂钓休闲、创作采风于一体的民俗旅游村。旅游项目有

2020 年 11 月 14 日，爱辉区首届乡村冰雪文化旅游节在外三道沟村启动

2013 年 7 月，杭州第二届“富中 AP 杯”大型社会实践活动营员在外三道沟村体验生活

住民宿品尝农家菜肴、游览江畔公园和文化广场、参观活动中心和村史馆、体验知青生活、垂钓黑龙江冷水鱼、采摘园田果蔬等乡野特色旅游。外三道沟村已成为黑河市区至瑷珲镇沿江旅游景点的亮点。

文化广场 村文化广场占地面积 2300 平方米。外三道沟村村民把民俗文化、知青文化、北方乡村文化等融入项目建设之中。文化广场建有花池、凉亭（称和谐亭），有爱情伞为情侣们遮风挡雨，周围有情侣树、孕育柳，为乡野旅游营造了良好的环境氛围。该广场还有高架灯和装饰灯，高架灯下有篮球场和健身器材，并有木制的靠背椅。文化广场建成后，成为村民最佳的休闲娱乐场所，妇女在这里跳广场舞，年轻人在这里打羽毛球、篮球，练舞龙、扭秧歌。2012 年、2015 年、2019 年分别在这里举办由外三道沟村文艺队和上海知青共同参演的大型文艺演出，来自全国各地的知青 500 余人出席活动。2012 年，中宣部原副部长龚心瀚，全国著名知青楷模邢燕子、侯隽等到外三道沟村参加活动。

活动中心 2009 年由文化俱乐部改建而成。坐落在村中心，面积 620 平方米，房前栅栏上分设了从 1969 年到 1978 年的年代标志，记录了知青在外三道沟村的生活。门口的标志是一支钢笔尖，寓意知识青年扎根黑土地，结出丰硕成果。院落内以大幅宣传油画再现知青时期的生活状况，左侧是描绘知青下乡的场景，右侧是描绘知青参与生产劳作的场景。活动中心的左侧设有图书室，陈列了许多文学、历史书籍。活动中心新建了演出舞台，安装有音响、点歌机等娱乐设备，是村民学习、联欢、娱乐、下棋、打乒乓球、跳健身舞的地方，是村里娱乐休闲的主要场所。

知青生活展示墙（2015 年）

江畔公园 位于知青街东端黑龙江畔。建于 2013 年，总面积 2240 平方米，南北走向，为狭长形。在公园的入口处矗立“北疆知青第一村”石刻，整个公园大部掩映在古老高大的榆树和松树之下，黑龙江“十里长江”在这里平稳如镜，蓝天白云倒映在清澈的大江之中，风景如画。公园南部有 12 米高的瞭望塔，在这里可以北眺卡伦山，南望瑷珲镇，远观大江东岸可以看到当年的“江东六十四屯”地界。

特色民宿 2012 年，外三道沟村借助北疆知青第一村文化品牌，开始建设具有统一标准的农家知青旅馆（民宿），推出以体验农家住宿生活，品尝农家菜肴、满族美食，家庭聚会包饺子、BBQ（烧烤）、田园采摘等为主题的民宿系列旅游服务项目，让游客切身感受农家生活。2012—2019 年，共有 5000 余人次到外三道沟村旅游休闲度假，其中有一半以上为老知青。

外三道沟村知青民宿区（2019 年）

外三道沟村“知青家庭旅馆”（2012 年）

特色民宿的火炕（2019 年）

外三道沟村改造后的知青民宿（2019 年）

2019 年，外三道沟村成功打造出占地面积约 4000 平方米的民宿区，总客容量 50 人的民宿项目。在村内集中选取 17 家农户作为民宿区，其中 10 户以合作社形式以房入股进行民宿打造，由与之合作的江苏省——东北旅居康养基地定期推送康养旅行团到此休闲消夏，打造知青生活“村中村”。游客可在民宿区进行旅游康养，深度体验外三道沟村民族特色与文化特色。民宿区由木栅栏围起来的“茅草屋”，简约质朴的田园风格给人以闲适安逸之感。各间民宿名字以二嘎家、福子家、老宋家、老臧家、村长家等名字命名，亲切感十足，给人以回家之感。茅草屋、土坯墙、木栅栏、木大门，每处都还原了知青年代的原貌。园子里的有机蔬菜可供住客采摘，养鱼池里可以钓取活蹦乱跳的鲜鱼。走进房间，一眼就可以看到旧报纸糊的墙壁，温暖的火墙，铺着草席的火炕，年代气息浓重的花被面，仿佛穿越回了难忘的知青岁月。

渔场垂钓 2016年，外三道沟村依托丰富的水资源和渔业资源，投资建设了黑龙江渔场和万家乐水产养殖场两处垂钓基地。黑龙江渔场位于外三道沟村南1000米的黑龙江畔，这里水面平稳宽阔，岸滩平坦，建有停车场、娱乐场等。主要为游客提供垂钓、野炊、篷宿、娱乐等自助性活动场所。万家乐水产养殖场位于村西500米处，垂钓鱼塘成椭圆形分布，四周石砌周边护坝，上面用砖砌出行走的小路。四周悬挂的红色灯笼带来喜庆的氛围。鱼塘的一侧，每隔一定距离，为垂钓者设置一把遮阳伞，伞下配备石凳或小椅子；另一侧搭建茅草与钢架组合的防晒棚，遮阳棚下面设置长排椅。鱼类有鲫鱼、鲤鱼、鲇鱼、鳙鱼、草根鱼等。每年有数百名游客慕名到此垂钓。

◉ 山野特产

临江鲜鱼

黑龙江盛产多种鱼类，尤以鳇鱼名贵，与鳇鱼齐名的是鲟鱼。江中生长着著名的“三花五罗”，还有鲤鱼、鲫鱼、鲇鱼，味道都异常鲜美。外三道沟村人吃江鱼有讲究，总结出哪种鱼的哪个部位最好吃，有“鲤鱼头，鲇鱼尾，鳊花肚子，虫虫嘴”的说法。

鳇鱼 黑龙江中的鳇鱼素有“淡水鱼王”之美称，满语称其“艾之不阵”，达斡尔语称其“敖如格”，赫哲语称其“阿静”。属鲟科，体大、寿命长、食量大、力量强。它在江中发现其他鱼类时，摆动尾鳍，急速追赶，追上后，张开大口，几斤重的鱼可一口吞进。体形奇特，头与身等粗，肉白而多脂，骨脆香，肉味鲜美，清朝时为进贡的地产珍品。鳇鱼轻则几十千克，重则1000千克以上。渔人捕鳇鱼时将鱼叉用力掷向鱼背，鱼负叉立即沉入江中，渔人放送叉杆上拴系的长绳，使船随鱼而行，待鱼力尽，牵鱼至江边，拖鱼上岸。鳇鱼的捕捞一般在春季桃花开、秋季枫叶红时进行。鳇鱼可烹制多种佳肴，也可用来包饺子、包子。鳇鱼的皮很厚，皮下脂肪非常丰富。鳇鱼子是餐中上品，墨绿色，营养丰富，十分名贵，用其制成的鱼子酱是享誉中外的美食。

鲟鱼 与鳇鱼齐名的鲟鱼是黑龙江特有珍稀鱼类，当地人称“七粒浮子”，它和鳇鱼均是上古时期遗留下来的珍稀鱼类物种，有“活化石”之称，体大、寿命长、性成熟晚。鲟鱼营养价值高，鱼子为国宴中的珍品。

“三花” 鳌花学名鳜鱼，位居“三花”之首，肉质细嫩洁白，古诗云：“西塞山前白鹭飞，桃花流水鳜鱼肥”可以为证。鳊花学名长春鳊，肉嫩味美，脂肪含量极高。鲫花

鲟鱼（2020 年）

学名叫花鲴，俗称“吉花勾”。

“五罗” 哲罗居“五罗”之首，是淡水鱼中较为凶猛的鱼类，食小型鱼类和陆栖鼠类，被称为“神鱼”。哲罗鱼喜在低温的深水处栖息，大者可达几十千克。肉可包饺子、做丸子、烧鱼片。第二为法罗，学名“三角鲂”，体形与鳊花相似，比其略宽，呈菱形。最大个体 5 千克重，其肉脂多味美，宜煎宜炖，最宜做汤，如做成酸辣口味，是醒酒的珍品，常用其肉做醒酒汤。第三为雅罗，属鲤科，雅罗鱼亚科，体重最大的仅 4 千克，体侧扁，较高，腹部圆，无腹棱，背部微隆起，头较短，口端位或稍下位，上下颌无角质边缘，无须，眼较大。胡罗和铜罗，体型很小，却是水中珍品。肉嫩刺软，酱焖、油炸、炖汤均佳，因其个体小、肚皮薄，容易腐烂，故极少外运，若不到江边，很难品尝到。因此，显得格外珍贵，为中外游客所喜爱。

在外三道沟村江边还可捕到学名为翘嘴红鲌的“岛子”鱼，学名乌苏里鮠的“牛尾巴”鱼，学名黄桑的“嘎牙子”鱼等，都因味道美、营养价值高而为美食家们称道。“牛尾巴”鱼非常肥，不用放油，清炖即可，锅中会出一层油，奇香无比。“嘎牙子”鱼出水能发出“嘎呀、嘎呀”的叫声，而且背部和两侧的鳍锋利，能将渔人的手刺伤，被称为“龙江奇鱼”。这些鱼在江中越来越少，因此越发显得珍贵。

山珍

外三道沟村山野生态原始，野生植物繁多。人们喜爱的山特产品有山木耳、榛子、蓝莓、蘑菇、猴头菇、松子、蕨菜、黄花菜、橡子等。

山木耳 山木耳新鲜时软，干后成角质，口感细嫩，是一种营养丰富的食用菌。它的别名很多，因生长于腐木之上，其形似人的耳朵，故名木耳；又似蛾蝶玉立，又名木蛾；因它的味道有如鸡肉鲜美，故亦名树鸡、木机（古南楚人谓鸡为机）。重瓣的木耳在树上互相镶嵌，宛如片片浮云，又有云耳之称。野生木耳生长在林中腐朽的柞木之上，夏秋季采回晾干，吃起来爽脆可口。真正的山木耳已极少见，但外三道沟村山野中较隐蔽处仍依稀可寻。

蘑菇 外三道沟村盛产野生蘑菇，种类较多，常见的有灰蘑、黄蘑、黄面团蘑、榛子杆蘑、白蘑、紫蘑、杨树蘑等。常见于潮湿的松树林、针阔混交林及榛柴灌木丛中。鲜蘑可清炒亦可与农家笨鸡烹饪。由于外三道沟村地处山野，夏秋季采摘的蘑菇常常去根摘净，破开两半进行晾晒，待冬季用来炖肉、炖鸡，味道鲜美。

蕨菜 又叫拳头菜、猫爪、龙头菜，喜生于浅山区向阳地块，多分布于稀疏针阔混交林。常见于村西林缘一带。初夏（5—6 月）是蕨菜采摘的时节，晚采则会“老”，口感发“柴”。采摘回来的蕨菜只食用其未展开的幼嫩叶芽部分。经过高温处理的蕨菜口感清香滑润，再拌以佐料，清凉爽口，还可以炒着吃，加工成干菜，做馅、腌渍成罐头或真空包装保存等。

蓝莓 又名笃斯、都柿，为杜鹃花科。蓝莓属野生落叶灌木，浆果成熟之后为蓝紫色，呈球形或椭圆形，果皮有白霜。果实内含有丰富的苯甲酸，以蓝莓为原料酿造的果酒，长期饮用，对心脑血管具有保护作用，并具有抗衰老作用，中医用其治疗腹泻、肠炎、胃火。蓝莓常见于林缘沟壑处和桦树丛林中，每年 8 月是蓝莓成熟时节。外三道沟村村民以蓝莓为原料熬制蓝莓酱，鲜榨蓝莓汁，口感醇厚、味道酸甜。

名人与名村

外三道沟村濒大江、居福地，人杰地灵、人才辈出。解放初期参加革命的老干部和已故的老村干部、村能人为革命和建设事业奋斗一生。改革开放后，外三道沟村在各级党委、政府的关怀和上海知青的支持下，各项事业突飞猛进，注重文化建设，得到文化名人的关注，声名远播。

◉ 村籍人物

杨纯亮

杨纯亮（1914—1980） 满族，外三道沟村人。1948 年加入中国共产党。1948 年至 1955 年 5 月任农会主席、外三道沟村村长。在土地改革工作中，认真宣传土地改革的意义，党和政府对土地改革运动的规定和要求，向群众宣讲政策，打消群众顾虑。在查田评产、家庭成分划分清楚后，对土地、劳动工具（生产资料）进行合理分配，调动广大农民群众发展生产积极性。1955 年 6 月，参加地方工作，先后在黑河地区人民医院、瑷珲乡政府工作。在瑷珲乡担任生产助理期间，工作认真负责，各种经济核算分析清楚，预算科学合理。平时注重收集整理统计资料，随时为领导提供可靠统计信息。坚持经常走村串户了解各村在农业生产中存在的困难和问题，并想方设法给予合理解决。考虑到国家困难，他谢绝组织上的特殊照顾，辞职回到外三道沟村。

杨纯亮担任外三道沟生产大队队长期间，全身心扑在农业生产上，带头参加生产劳动，走群众路线，赢得群众的信任。把粮食生产作为重点工作抓，带领农民群众团结互助，较好地解决生产资金、耕畜、农具或劳动力不足，扩大再生产等方面的困难和问题，使粮食产量稳中向上，逐年提高。正确处理、合理调节国家利益与社员个人利益之间的关系，既保证国家粮食定购任务的按时完成，又做到让社员基本满意。重视发展畜牧业，坚持以畜养农，提出“稳猪活禽上牛羊”的工作思路。鼓励农户养猪和鸡鸭鹅，走小规模大群体之路。使畜牧业得到发展，不但为国家提供副食产品，还为集体和社员增加了收入，提高了分配水平。

1966 年，杨纯亮因身体原因不再担任生产队队长职务，但仍关心生产队各项事业发展，经常深入实际工作和群众中去，做一些力所能及的工作，为现任干部排忧解难，用自己的模范行为影响和带动年轻干部的成长，在群众中享有很高威望。

杨纯亮关心关注生产队插队知青，对住在家里的知青无微不至地关怀，1980 年病故后，从杨家走出的知青每次回访都到其墓地祭奠。

陶淑珍（1915—1992） 女，汉族，外三道沟村人，高小文化。1949年7月，担任外三道沟村妇女主任，倡导妇女解放，反对歧视妇女，主张男女同工同酬。积极响应政府号召，组织妇女做军鞋、参加生产，支援前线。1952年参加互助组。1955年组建并带头参加合作社。其工作得到上级领导的认可和群众的拥护。1952年加入中国共产党。1955年被评为瑷珲县妇女模范。1958年，带领外三道沟村部分妇女出民工到后欢洞村参加水利工程建设，开创当地妇女当民工建勤（指农民按规定每年出一定的义务工，对公路等工程进行养护、修理和改建等工作）的先例。1966年，陶淑珍不再担任村妇女主任。1992年病故。

陶淑珍

陶淑珍为人和蔼可亲，家庭和睦。两个儿子均是生产队班子的主要领导，农活上的行家里手，女儿是中共党员，儿媳、孙子是村里的乡村医生，热情为村民们提供服务。知青插队时是她家的常客，至今仍然相互往来。

姜化南（1916—1968） 汉族，外三道沟村人，1948年加入中国共产党并担任村党支部书记。姜化南出生在旧社会，从小过着食不果腹、衣不遮体的贫寒生活。在担任村党支部书记8年间，刻苦学习党的各项方针政策。在土地改革运动中，积极向群众宣传政策，使本村土改工作得以顺利进行。1955年，在组织合作社生产时，有车有马、土地多的农户不愿意入社，针对这种情况，姜化南深入各户，做细致的思想工作，摆事实、讲道理，建社工作成效显著，外三道沟村被瑷珲乡评为先进村。姜化南联系群众，关心村民疾苦，村民家发生疾病和意外事故及遇到困难时，他都跑前跑后，帮助村民解了燃眉之急，受到群众的爱戴。因为工作出色，又具备一定的组织领导能力，1956年被瑷珲县委选调到瑷珲乡担任乡长职务。1968年病故。

王树林

王树林（1936—2016） 汉族，瑷珲镇高岗屯人，中共党员。曾任外三道沟大队党支部书记，爱辉乡副乡长，爱辉县种畜场革委会主任、总支书记，爱辉县农牧渔业局纪检书记、畜牧局总支书记等职。1960 年担任外三道沟生产大队党支部书记，1963 年任爱辉乡副乡长。在外三道沟生产大队社员强烈要求下，1963 年王树林被派回外三道沟大队任党支部书记。王树林带领村民科学种田，建设畜牧队、粉坊、磨坊，农副业生产得到较快发展。1973 年，爱辉县种畜场生产建设处于困难时期，王树林临危受命担任种畜场革委会主任、总支书记，带领种畜场员工充分发挥政策优势和地缘优势，引进西门塔尔肉牛和苏重挽马，并发展其种群数量达到了历史峰值。爱辉县种畜场被列入省级种畜保护单位，一度成为全县农业机械化试点单位，多次召开全县农业现场会。因在种畜场工作业绩突出，后被调入畜牧局工作。王树林先后获得团中央建设社会主义积极分子、黑龙江省建设社会主义积极分子、黑龙江省劳动模范、黑河市模范干部等多项荣誉称号。2016 年病故。

肖汉臣

肖汉臣（1937—2010） 汉族，外三道沟村人，初中学历。1952—1955 年就读于黑河一中。1957 年毕业回村加入初级社。因有较强的美术及书法功底和精湛的木工手艺，于 1959 年转至黑河钟表美术社工作。1962 年下放回到外三道沟村务农。在做木匠期间，为生产队打造维修农具、家具，为建房打大样，村里的家家户户都有他打的门窗、桌椅板凳、炕头柜，知青点的篮球架、乒乓球桌案都留下了他的印记。1965 年至 1970 年，受外三道沟大队委派，参与设计爱辉公社政治文化室（现八旗营子）和爱辉镇政府办公楼（一楼），并指导施工。在爱辉公社卫生院、爱辉银行营业所和爱辉供销合作社建设过程中，肖汉臣均给予合理化建议和指导。参与瑷珲反修教育展览馆（瑷珲历史陈列馆前身）的筹备建设工作，其间，根据一张老照片，用实木雕刻制作出第一个与原型基本一致的魁星楼模型，为魁星楼的复建作出贡献；参照档案中瑷珲老城图，制作出第一个瑷珲老城区沙盘，并为展览馆绘制了多幅画像展品。发挥所长，积极参与设计建设村知青宿舍、机车库和村政治文化室。1978 年携小女儿肖丽蓉共同彩绘爱辉供销合作社和外三道沟供销合作社的商品宣传画。1978 年担任外三道沟大队机耕队保管核算员。1980—1996 年担任外三道沟村会计，兼任瑷珲信用社外三道沟村信用站的信贷员。2010 年病故。

车福元（1948—2017） 汉族，中共党员。4岁时父亲病故，因家庭生活困难，小学没读完就参加生产劳动。家庭的良好教育和生产劳动锻炼，养成坚毅的性格和良好的品质。1968年担任外三道沟生产队队长，1977年担任外三道沟生产大队党支部书记，1989—1999年担任爱辉镇人民政府交通助理。在担任生产队队长和党支部书记期间，充分发挥班子成员的作用。对集体经济发展规划、村屯建设、种植计划安排等重大事项的决策和社员群众关心的重大事情都会征求老社员们的意见。支持知青工作，做知青的好朋友好兄弟，关心知青的生活，充分发挥知识青年在各方面的优势和作用，为生产队的发展作出贡献。始终坚持走集体经济发展道路。提高种植业水平，扩大小麦、大豆的种植面积，增加经济作物种植面积。重视粮种改良、测土施肥，改良土壤、制作颗粒肥等农业新技术的推广和应用。兴修水利设施，带领社员群众利用农闲时节清淤水渠，开挖排水沟，改造农田道路，农业抗灾保丰收潜力得到加强。发展畜牧生产，建设了畜牧队、鹿场和畜牧站。发展畜牧业养殖业，搞活了多种经营。坚持畜牧先行，以畜购机、以机务农的思路，农业机械化得到快速发展。重视村屯规划建设，聘请专业技术人员对村屯街道等进行规划设计并严格管理，禁止私迁乱建，为新农村建设奠定了基础。2017年病故。

车福元

外三道沟村人物一览表

表9

姓名	性别	民族	出生年份	政治面貌	毕业院校	参加工作时间	职务
姜瑞举	男	汉族	1908年	—	—	1943年	外四道沟小学教师
李双贵	男	汉族	1929年	中共党员	—	1948年5月	绥化农场局副局长
徐常岱	男	汉族	1930年8月	中共党员	黑河中学	1950年	爱辉区民政局副局长
宁双柱	男	满族	1931年8月	中共党员	—	1948年	爱辉县人防办副主任
车文群	男	汉族	1932年5月	中共党员	—	1951年	北安农场管理局粮食处处长
车明石	男	汉族	1932年8月	中共党员	—	1951年	孙吴县武装部科长
关占柱	男	满族	1933年	中共党员	—	1950年6月	北安农场管理局商业处处长

续表 9

姓名	性别	民族	出生年份	政治面貌	毕业院校	参加工作时间	职务
李双全	男	汉族	1933 年	中共党员	—	1951 年	黑河市水利局纪检书记
车文山	男	汉族	1934 年 1 月	—	爱辉完小	1953 年 3 月	曹集屯小学教师
车明耀	男	汉族	1935 年	中共党员	—	1951 年	红色边疆农场粮食科长
关文全	男	满族	1935 年	中共党员	黑河师范专科学校	1953 年 3 月	呼玛县养路段段长
车金芝	女	汉族	1936 年	—	黑河中学	1956 年	黑河市第二小学教师
关淑芳	女	满族	1936 年 6 月	—	哈尔滨医科大学附属卫生学校	1958 年 7 月	哈尔滨医科大学附属第一医院副主任医师
罗彩霞	女	汉族	1937 年	中共党员	—	1969 年	外三道沟村妇女主任
徐荣林	男	汉族	1938 年	中共党员	黑河中学	1956 年 7 月	黑河市运管处科长
林汉春	男	汉族	1939 年	中共党员	—	1977 年 11 月	黑河市民政局科长
徐荣耀	男	汉族	1939 年	—	黑河中学	1956 年	外三道沟村小学教师
关淑云	女	满族	1939 年 3 月	—	黑河卫生学校	1960 年 7 月	黑河地区医院主管护师
关菊华	女	满族	1939 年 3 月	—	黑河卫生学校	1960 年 7 月	爱辉县医院针灸科主治医师
关占儒	男	满族	1939 年 7 月	中共党员	黑河中学	1959 年 7 月	黑河行署农机局副局长
关月琴	女	满族	1941 年	—	黑河师范专科学校	1961 年 7 月	逊克中学教师
关常茂	男	满族	1943 年 6 月	—	黑河师范专科学校	1965 年	村中学教师
孟文山	男	满族	1945 年	中共党员	—	1965 年 7 月	黑河市民委主任
罗铁良	男	汉族	1949 年 9 月	中共党员	黑河师范专科学校	1972 年 3 月	外三道沟村小学校长
宋学臣	男	汉族	1950 年	—	黑河师范专科学校	1968 年 4 月	瑷珲小学教师
肖岐	男	汉族	1954 年	中共党员	黑河师范专科学校	1982 年	瑷珲镇信用社主任
王志强	男	汉族	1955 年	中共党员	高中	1976 年 12 月	村党支部书记、村长
关月华	女	满族	1957 年 3 月	中共党员	—	1976 年 3 月	黑河市友谊宾馆总经理
关树志	男	满族	1960 年	中共党员	—	—	爱辉区煤炭安全管理局局长
杨树广	男	满族	1961 年 10 月	中共党员	黑河地区教育学院	1974 年 4 月	爱辉区政协提案委员会主任
赵艳发	男	满族	1961 年 10 月	—	黑河师范专科学校	1974 年 4 月	外三道沟村小学教师
徐飞	男	汉族	1963 年	中共党员	黑龙江省委党校	1982 年 11 月	黑龙江省交通局纪检组组长
宁冬	女	满族	1969 年 1 月	—	黑河师范学校	1989 年 8 月	孙吴县第一小学副校长、省人大代表

续表 9

姓名	性别	民族	出生年份	政治面貌	毕业院校	参加工作时间	职务
关慧	女	满族	1970 年 4 月	—	黑河卫生学校	1988 年	黑河市第一人民医院肿瘤科护士长
罗巍	女	汉族	1973 年 8 月	中共党员	黑河师范学校	1995 年 8 月	黑河市第五中学教师
杨永	男	满族	1976 年 1 月	中共党员	中央广播电视大学	1996 年 4 月	村党支部副书记
付敬华	女	满族	1977 年 11 月	—	齐齐哈尔师范学院黑河分校	1996 年 8 月	黑河市第六小学教师
关朋	女	满族	1978 年 7 月	—	齐齐哈尔师范学院黑河分校	1998 年 9 月	黑河市第三中学教师
杨乐俊	男	满族	1980 年 1 月	—	七台河师范学院	2013 年 1 月	瑷珲中学教师
车燕	女	汉族	1983 年 1 月	中共党员	齐齐哈尔大学	2009 年 9 月	黑河市第一小学教师
臧丹	女	满族	1985 年 10 月	中共党员	黑河学院	2008 年 9 月	五大连池市高级中学教师
范园园	女	汉族	1985 年 3 月	—	黑河学院	2009 年 10 月	四嘉子中学教师
杨帅	男	满族	1985 年 5 月	中共党员	瑷珲镇中学	2015 年 1 月	村党支部书记、村主任
杨阳	女	满族	1987 年 6 月	—	黑龙江中医药大学	2010 年	黑河市第一人民医院护师
赵倩	女	满族	1987 年 6 月	—	哈尔滨医科大学	2008 年	黑河市第一人民医院护师
宁贺	男	满族	1990 年 10 月	—	牡丹江医学院	2014 年	黑河市中医院麻醉师
宁瑶	女	满族	1995 年 1 月	—	黑龙江省护理高等专科学校	2016 年 3 月	黑河市第二人民医院儿科护师
付静	女	满族	1969 年 10 月	—	黑龙江中医学院	1991 年 7 月	西安普惠健康体检中心分院院长
祝绍良	男	汉族	1981 年 1 月	—	牡丹江医学院	2004 年 7 月	黑河市第二人民医院心内科副主任医师
关文正	男	满族	—	—	黑河师范专科学校	1971 年 3 月	砖窑村、外三道沟村、外四道沟村小学教师

说明：表中所录者为行政副科级以上，技术职称中级以上

◉ 名人与外三道沟

阎肃题写村名 阎肃，中国著名文学家、剧作家、词作家，曾任中国剧协副主席、空政歌舞团编导组组长，文职特级，享受政府特殊津贴。代表作品：歌剧《党的女儿》《江姐》，京剧《红岩》《红色娘子军》，歌曲《红梅赞》《敢问路在何方》等。阎肃曾

2013 年，阎肃在外三道沟村参观考察

三次到外三道沟村考察游览，对村自然景观和知青文化赞赏有加，2009 年 8 月 29 日，为该村题写“外三道沟村”书法匾额。后镌刻于巨石之上，立于村口。

贾宏图

贾宏图写《外三道沟记》 贾宏图，黑龙江省文化厅原厅长，中国作家协会全国委员会委员，曾任黑龙江省作家协会主席，享受政府特殊津贴。著有报告文学《她在丛中笑》《大森林的回声》《大江向洋去》《大爆炸》《美国这杯鸡尾酒》等。报告文学《大洋的此岸和彼岸（合作）》《她在丛中笑》《大森林的回声》获中国作协报告文学奖，报告文学《解冻》获当代文学奖。作品多次获东北和省文学大奖。贾宏图曾多次到外三道沟村考察，熟悉村发展历程，欣赏其知青文化，热爱这里的山山水水，支持外三道沟村创办村史馆和其他文化建设，于 2014 年 6 月为外三道沟村写下《外三道沟记》，以优美的歌赋形式描绘了外三道沟村的美好环境、发展历程及村民与知青的深情厚谊。《外三道沟记》全文镶嵌在村史馆进门显著的位置，成为村史馆一张亮丽的名片。

张 刚

张刚关心资助外三道沟村发展 张刚，政协上海市委员会第九、十届委员、上海市工商联常委、上海市普陀区工商联副会长、上海市太平洋区域经济发展研究会副主任委员、上海市食品学会常务理事、上海市保健协会理事、上海市知识青年历史文化研究会副会长。1969 年 4 月 28 日到外三道沟大队插队落户，1970 年加入中国共产党。插队期间，先后担任知青点负责人、大队党支部委员、大队团总支书记、大队出纳员、生产队副队长等职，组织知青团结一心参加农业生产、经受住了考验和锻炼。在张刚的带领下，外三道沟知青点曾多次获地区、县、乡先进青年点称号。1973 年 9 月张刚被推荐上大学，就读于上海化工学院抗生素专业，1977 年毕业后留校从事教学和科研工作，1984 年调到上海交通大学生物科学与技术系从事教学和科研工作，成为该系发酵工程实验室创建人，1991 年任昂立一号课题组长、上海昂立生物食品厂厂长。1994 年辞职下海创办上海高博特生物保健品有限公司，担任董事长、总经理。多年来，张刚怀着深厚的知青情结，一直关心外三道沟村的建设和发展，带头捐款资助村里修筑水泥路，为学校捐助计算机，为村里建图书馆，为全村住户安装门牌号等，资助有困难的知青子女上大学，并多次出资邀请外三道沟村村民游览上海及世博会，多次带领上海知青回访外三道沟村。在张刚的带动和影响下，外三道沟村的村民和上海知青的情谊不断升华，亲如一家。因而获得“中国北疆知青第一村”之美誉。在以张刚为首的上海知青的支持资助下，外三道沟村的经济建设和文化建设取得长足发展和可喜成绩。张刚还赞助和推动了黑河知青博物馆和外三道沟村史馆的建设，倡议并参与村志的编修工作。

周京生

周京生题写“外三道沟村史馆”匾额并创作村歌 周京生，号大荒人、浩雪斋主。齐白石门人，国家一级美术师、教授、书法家，北京荣宝斋画展书画家，上海中外文化艺术交流协会常务理事，中国人文书画院名誉院长，中国民族艺术家协会副会长，中国书画学会副主席，中国国学研究院国学家，中国艺术市场高级研究员。早年从事北大荒版画创作及艺术教育，自攻素描、油画。毕业于天津美术学院、北京经济学院。周京生曾是下乡插队知青，于 2010 年 9 月怀着知青情结来到外三道沟村游览考察，感慨于知青文化在外三道沟村的发扬传承，感动于知青与村民数十年的深厚情谊，为外三道沟村题写“中国北疆知青第一邨”的匾额。回京后，又应外三道沟村村委会之邀，为村史馆题写“外三道沟村史馆”的匾额。2020 年 6 月，应张刚之邀，周京生为外三道沟村创作《塞北圆舞曲——外三道沟村歌》，为《外三道沟村规民约》谱曲，在村民中广为传唱。

大事纪略

外三道沟村有300余年历史。在雅克萨之战、抗日战争、抗美援朝等重大历史事件中，外三道沟村人英勇奋战，展现了不畏强暴、反抗侵略的民族气概。1969—1980年，接纳知青上山下乡，与知青建立深厚的情谊。知青多次回访，助推美丽乡村建设。建设村史馆、打造“北疆知青第一村”文化品牌，升级打造国家级边境游特色村寨……外三道沟村发生沧桑巨变，村民们携手创造出属于自己的新生活。

◉ 清康熙年间外三道沟村人的先祖参加抗击沙俄战争

据外三道沟村现留存的几本家谱记载和瑷珲历史陈列馆的史料证实，清康熙二十二年（1683）清政府为抗御沙俄入侵，外三道沟村人的先祖被征调参军，修筑黑龙江城（瑷珲城）。康熙二十四年、二十五年，清军两次打败入侵雅克萨的沙俄军队，中俄双方经过谈判，于康熙二十八年签订《尼布楚条约》。雅克萨之战胜利后，抗俄士兵及家眷留守在黑龙江两岸屯垦戍边，其中一部分人来到今外三道沟区域，开荒种地、繁衍生息。

◉ 1933 年日军侵驻外三道沟村

1933 年年初，日军侵占黑河及瑷珲地区。1935 年，在外三道沟屯设立国境警察队，并在屯北树林里修建碉堡、坑道、炮楼等军事设施并驻军。日伪统治时期，老百姓饱尝亡国奴之苦，经常被派官工、官车，长年被挑“国兵”。瑷珲实行“国境地带法”，外出向排长告假、签字；来客人必须向甲长报告，并找人担保。每年被迫交“出荷粮”，得不到任何报酬，配给一些劣质更生布。禁止老百姓食用大米，违反者以“经济犯”处之。1943 年，日本侵略者实行“集团部落”，强行将居住在屯南边的村民迁到屯里。

◉ 1969 年上海知青插队落户外三道沟村

1969 年 4 月 28 日，来自上海市虹口中学、虹建中学、韶山中学、长青中学、师大附中和北郊中学的 28 名初、高中毕业生，到外三道沟生产队插队落户。6 月，1 名上海知青到外三道沟生产队插队落户。1970 年 4 月 7 日，来自上海市新沪中学和第五中学的 30 名初中毕业生，到外三道沟生产队插队落户。1973—1976 年，有 4 名上海知青到外三道沟生产队插队落户。1969—1976 年，先后共有 63 名上海知青到外三道沟村插队落户。

◉ 1982 年实行社员 60 周岁退休制

1981 年，外三道沟生产大队基于集体经济明显壮大，总收入从 1980 年的 55.1 万元提高到 77 万元，人均年收入从 1980 年的 383 元提高到 558 元，大队党支部书记车福元提出实行社员退休制。1982 年 4 月，获爱辉公社党委批准，外三道沟大队从当年开始实行，该村满 60 周岁的社员，村里每年发给 300 元补贴。1983 年 6 月 29 日，外三道沟大队组织 16 位退休老社员乘客车赴哈尔滨游览观光。退休制度执行到 1985 年年底。

◉ 1999 年始上海知青回访外三道沟村

1999 年 8 月，为纪念知青下乡 30 周年，上海知青 26 人第一次集体回访外三道沟村，受到村民的热烈欢迎，知青为村小学捐赠计算机。此后，上海知青多次回访。2007 年，上海知青为村里砂石路升级改造水泥路面捐款赞助，村里将中央街命名为知青街。2014 年、2015 年、2019 年，上海知青分别回访外三道沟村，编辑出版知青回忆录《北疆知青第一村》、《北疆知青第一村（续）影集》和《北疆知青第一村（叁）记事》。2019 年 7 月 26 日，为纪念知青下乡 50 周年，在外三道沟村举办上海知青“情系龙江”、外三道沟“心系浦江”——“两江情、情未了”大型文艺演出等活动，回访的上海知青与村民合作表演自编自演的节目，传承知青和乡亲们的深情厚谊。

◉ 2009 年外三道沟村被誉为“北疆知青第一村”

2009 年 8 月，为纪念知青下乡 40 周年，上海知青组织大型赴爱辉镇回访活动，参加黑河知青博物馆开馆典礼。全国各地知青上千人到访外三道沟村，有全国知青楷模邢燕子、侯隽、董家耕和蒋美华、周恩来侄子周秉和等。他们被知青与村民的深厚情谊所感动，将外三道沟村誉为“北疆知青第一村”。陆续有知青网站和刊物进行报道，“北疆知青第一村”声名鹊起。在当地政府和上海知青的积极支持下，外三道沟村以打造中国“北疆知青第一村”文化品牌为切入点，深入挖掘知青文化元素。2012 年，村委会于江畔公园立巨石，镌刻“北疆知青第一村”。2013 年，上海知青聘请上海大学美术学院教授滕亚林设计融入上海石库门元素与东北原住民房木刻楞风格元素的南、北门楼，上海书法家周京生题字“中国北疆知青第一村”。知青门楼成为外三道沟村地标性建筑和全国知青打卡点。2014 年建设村史馆，筹建知青特色旅馆，在省委宣传部、省文明办等开展的第五届黑龙江省“六个十佳”和谐单位（家庭）创建评选活动中获“和谐村屯”称号。2015 年 9 月，外三道沟村“北疆知青第一村”微信公众平台正式上线，这是黑河市首个村级微信公众平台，展示宣传外三道沟村的乡土人情、知青文化和满族文化。2017 年，建设知青生活体验园，2020 年 7 月正式开园。

◉ 2010 年上海知青邀请村民参观世博会

2010 年 5 月 27 日至 6 月 4 日，曾在外三道沟村下乡的全体上海知青出资邀请 25 名村民和 9 名黑河知青到上海参观世博会。上海知青陪同乡亲参观上海世博会，游览上海市容市貌和旅游景点，并赴杭州一日游。

◉ 2014 年央视《等着我》栏目摄制组到村里采访

2014 年 3 月，央视《等着我》栏目摄制组到外三道沟村拍摄上海知青张刚下乡期间发生的故事。其中，重点讲述了张刚在一次意外坠崖，被乡亲们所救的记忆。在栏目中生动展现了外三道沟村的知青故事、村容村貌，为更广泛地传播知青文化、知青精神提供了媒介。

◉ 2014 年村民筹建的村史馆开馆

2014 年 10 月 9 日，外三道沟村史馆正式开馆。该村史馆是外三道沟村民筹建的以本村历史沿革为内容的展馆。馆内陈列了村民自发收集的不同年代的农业生产用具、满族民俗物品以及珍贵老照片，突出知青文化特色。2015 年，外三道沟村史馆进行改陈，增加了历史档案资料、图片及实物。2020 年 8 月，为进一步传播和弘扬知青文化，再次改陈，村史馆加挂“国家方志馆知青分馆北疆知青第一村陈列馆”牌子。陈列馆通过 200 多张老照片和 200 多件珍贵藏品，真实反映了外三道沟村发展历史及知识青年上山下乡年代的生产生活场景，展现了村民与知青的深厚情谊。

◉ 2016年黑龙江省作协外三道沟村创作基地揭牌

2016年9月20日，黑龙江省作协在外三道沟村举行创作基地揭牌仪式。该村成为中国最北端首个作家创作乡村基地，填补了爱辉区文学创作基地的空白，搭建了作家体验平台，进一步提高了外三道沟村知名度，丰富了村民业余文化生活。

◉ 2020年爱辉区首届乡村冰雪文化旅游节在外三道沟村开幕

2020年11月14日，爱辉区首届乡村冰雪文化旅游节启动仪式在外三道沟村举行。村里挂满喜庆的红灯笼，村民扭起东北大秧歌，端出热气腾腾的杀猪菜欢迎各地游客，游客通过品美食、逛大集、赏冰雪、看歌舞展演，感受到浓浓的东北民俗文化。

◉ 2020年外三道沟村升级打造边境游特色村寨

2020年，外三道沟村是第三届黑龙江省旅游产业发展大会的观景区，以红色旅游、乡野体验为主题，以知青文化为主要载体，升级打造“北疆知青第一村”品牌。改造知青生活体验产业园和民宿景观园，发展知青产业和休闲农业产业，可一次性接待50名游客在家庭旅馆体验吃住玩规范化服务。2020年7月12日，举行知青体验园驿站挂牌仪式。外三道沟村在黑龙江省2020年度农村人居环境整治擂台赛中，获“全省最佳特色民宿示范村”光荣榜第5名的好成绩。2021年8月，外三道沟村获评全国乡村旅游重点村。

附录

2019 年《外三道沟村规民约》

为推进新农村民主法治建设，维护社会稳定，树立良好的村风、民风，创建美丽宜居的生活环境，促进经济发展，建设文明卫生的社会主义新农村，助推乡村振兴，特制订以下村规民约：

1. 爱党、爱国、爱集体。

2. 积极培育和践行社会主义核心价值观：富强、民主、文明、和谐，自由、平等、公正、法治，爱国、敬业、诚信、友善。

3. 要弘扬美德，尊老爱幼；不虐待老人，不歧视妇女；不以强欺弱；要彼此谦让，互相尊重；要艰苦创业，科技兴农。

4. 积极开展家园清洁行动，村民各家各户门前院内要保持清洁，清除裸露的垃圾，清理自家门前院内的积雪，清理卫生死角，清除废弃堆积物。

5. 搞好公共卫生，保持村容整洁，不乱倒垃圾、乱排污水、秽物、粪土、杂物，不随地吐痰，家禽家畜要圈养，注意环境卫生的保护。

6. 村民喷洒农药时，农药袋和农药瓶不准乱扔，特别是田间地头和水沟里，要带回放到垃圾定点回收处。

7. 自觉养路护路，维护道路畅通，禁止在道路两侧堆放障碍物、废土、乱石。

8. 提倡社会主义精神文明，移风易俗，反对其他不文明行为，树立良好的社会风气。

9. 喜事新办、丧事从简、破除陈规陋习，反对大操大办、铺张浪费，喜宴丧宴 10 桌以内，礼金 100 元以内，每桌 10 个菜。

10. 建立正常人际关系，不搞宗派活动，反对家族主义。

11. 关心集体、关心他人、关心村里公共事业，积极履行各种义务，主动参与公益事业的修建维护工作，积极参加各类集体活动。

12. 提倡一事一议，村务工作要及时、公开、透明。

13. 每个村民都要学法、知法、守法、自觉维护法律尊严，积极同一切违法犯罪行为做斗争。

14. 团结友爱、互帮互助、诚实守信，不打架不斗殴、不造谣不传谣，不侮辱不诽谤他人，建立和谐的邻里关系，严禁任何人以任何形式参与黄、赌、毒等违法犯罪活动。

15. 自觉维护社会秩序和公共安全，不扰乱公共秩序，不妨碍维护治安人员执行公务。

16. 加强野外用火管理，排除各种火灾隐患，严禁野外大田秸秆焚烧，严禁将易燃易爆物品堆放在室内，村内定期检查，排除各种火险隐患。

17. 加强少年儿童安全用火用电知识宣传教育，做到家长负责制，提高全村消防安全知识水平和意识。

18. 严禁农用车、私家车在村内高速行驶，时速不能超过 30 千米。

19. 对村内、户内电线定期检查，做到及时修理更新，严禁乱拉、乱接电线。

20. 在生产、生活、社会交往过程中，应遵循平等、自愿、互惠互利的原则，发扬社会主义新风尚。

21. 本着团结友爱的原则平等协商解决邻里纠纷，协商不成的可申请村委会调解，也可依法向人民法院提起诉讼，树立依法维权意识，不得以暴制暴。

22. 本村规民约自村民会议通过之日起施行。

2020 年外三道沟村规民约四字经

爱党爱国，爱村爱家。
遵纪守法，远离赌毒。
反对暴力，拒绝邪教。
防诈防骗，防火防盗。
知过必改，惩恶扬善。
敬老爱幼，家庭和睦。
勤俭持家，移风易俗。
诚实守信，互助共赢。
知书达礼，信奉科学。
地绿路畅，户净村美。
不误农时，抢种抢收。
勤劳致富，多种经营。
摈弃陋习，平衡健康。
年年村晚，迎接新年。
村官为民，村务公开。
心系外三，奔向小康。

外三道沟村规民约歌

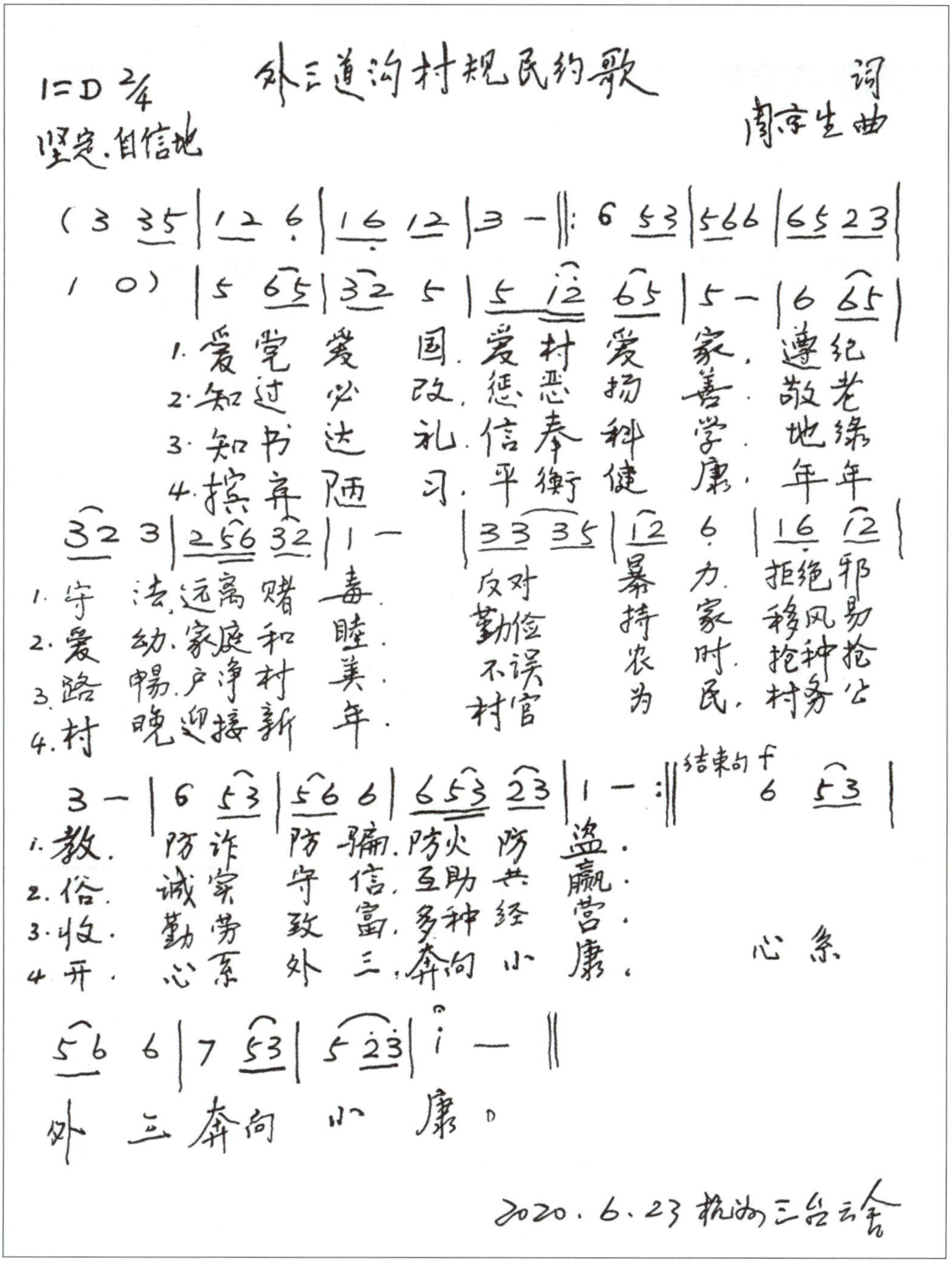
外三道沟村规民约歌
1=D 2/4
坚定、自信地
词
周宗生 曲
1. 爱党爱国，爱村爱家，遵纪守法，远离赌毒，反对暴力，拒绝邪教，防诈防骗，防火防盗。
2. 知过必改，惩恶扬善，敬老爱幼，家庭和睦，勤俭持家，移风易俗，诚实守信，互助共赢。
3. 知书达礼，信奉科学，绿地路畅，户净村美，不误农时，抢种抢收，勤劳致富，多种经营。
4. 摈弃陋习，平衡健康，年年村晚，迎接新年，村官为民，村务公开，心系外三，奔向小康。
结束句
心系外三奔向小康。
2020.6.23

主要参考文献

孙蓉图修、徐希廉纂:《瑷珲县志》，成文出版社有限公司，1920 年。

爱辉县修志办公室编:《爱辉县志》，北方文物杂志社，1986 年。

包泉万、赫丛青编著:《图说满族民俗风情》，大连出版社，2009 年。

张佳生主编:《满族文化史》，辽宁民族出版社，2013 年。

张松著:《黑龙江满族文化》，黑龙江教育出版社，2013 年。

黑龙江省黑河市爱辉区瑷珲镇志编纂委员会编:《瑷珲镇志》，方志出版社，2017 年。

黑龙江省黑河市爱辉区新生鄂伦春族乡新生村志编纂委员会编:《新生村志》，方志出版社，2018 年。

◉ 编后记

外三道沟村因位于瑷珲城北第三道沟而得名。1969—1980 年，先后有 107 名知识青年到此插队落户，与乡亲结下深厚情谊，该村被誉为“中国北疆知青第一村”。2014 年 9 月外三道沟村史馆建成后，上海知青带头人张刚首先提出编修村志的想法。由外三道沟村籍人士关占儒、杨树广执笔，开始搜集资料。

2018 年 8 月，张刚再次回访外三道沟村时，与黑河市地方志办公室主任田桂珍进行接洽探讨。经市地方志办公室向省地方志办公室汇报并积极争取，将《外三道沟村志》纳入中国名村志文化工程。在省、市地方志办公室的指导下，市、区两级方志办与瑷珲镇及外三道沟村共同商议拟定新篇目，上报中国地方志指导小组办公室。2018 年 10 月，《外三道沟村志》纳入中国名村志文化工程。其间，成立省、市、区、镇及村相关人员组成的编委会。此后，外三道沟村支部书记、村委会主任杨帅参加全国名镇名村志编写培训班，关占儒、杨树广按新体例继续收集资料并编纂部分村志文稿。2019 年 7 月，根据编写时限要求，为加强编写力量，中共黑河市委史志研究室聘请退休编辑张德玉主笔编纂村志，并多次召开篇目设计研讨会，对原篇目和资料进行整理、分析，调整相关类目和分目，根据地方特色和时代特点增设文化与旅游类目，增加乡村建设、山野特产、乡土文化、乡村旅游、民间故事、名人与名村等分目，调整大部分条目内容，2020 年 1 月，在原稿近 10 万字基础上充实内容 3 万余字。

2020 年 4 月初，市委史志研究室及时召开村志编纂推进会，对村志编纂作出具体安排：张德玉负责概述、基本村情、经济发展、民俗风情、文化旅游、人物、大事纪略、附录部分编纂；上海知青黄心民和市委史志研究室何丽晶负责村志的知青部分编纂，黑河学院知青研究所对该部分文稿进行修改；爱辉区委史志研究室孙运才、市委史志研究室孙冬寒和刘涛负责图片收集编辑。外三道沟村和知青全力配合。市委史志研究室与上海知青多次组织召开视频会议，对志稿进行充分讨论和修改。张德玉多次到村采访调查，村民积极配合，收集资料数万字；黄心民带病坚持编写知青部分文稿。在市、区党委政府的高度重视和瑷珲镇党委政府的大力支持下，村委会全力配合提供第一手资料。在全体编纂人员的共同努力下，2020 年 6 月初,《外三道沟村志》初稿完成，交与主编总纂。总纂后，上报省名志初稿评审会审定，同时组织人员校对。各编辑按评审专家意见逐条梳理、查缺补漏，上海知青虞海南、孙世滨、顾晓燕、顾立、钱志明、裘云珍等参与编辑校对工作。6 月 25 日，完成送审稿，上报中指办。中指办对志稿进行认真细致的评审，提出具体修改意见。此后，主编、副主编对全书进行翔实考证和细致修改。2020 年 8 月，再次上报中指办审定，中指办再次提出修改意见。

2020 年 10 月，中共黑河市委史志研究室特聘上海市地方志办公室原党组副书记、副主任，上海世博会志编纂委员会办公室主任朱敏彦为总纂，增设满族栖聚类目，补充增写该类目内容，调整部分篇目和内容，全志篇目设置更合理，特点更鲜明，内容更丰富。

村志编纂期间，得到中国名村志文化工程办公室、中共黑龙江省委史志研究室的大力支持和精心指导，得到黑河市委、市政府，爱辉区委、区政府的高度重视，得到市、区两级史志研究室的大力支持和积极参与，得到以该村插队知青张刚为首的上海知青和黑河知青的全力协助和倾情支持，得到外三道沟村委会及广大村民的积极配合，在此一并致谢。

由于时间仓促，加之编者能力有限，难免有错误及疏漏之处，敬请批评指正。

编　者

2021 年 12 月

中国名村志丛书

《中洪村志》
《仁里村志》
《青林寺村志》
《魁胆村志》
《黄里村志》
《李家疃村志》
《扬美村志》
《马头溪村志》
《大京村志》
《凌庄子村志》
《古现东村志》
《上岳村志》
《双街村志》
《开弦弓村志》
《乔李村志》
《庙宫村志》
《梁堡村志》
《陶家夼社区志》
《八岔村志》
《高碑店村志》
《陈砦村志》
《东岭村志》
《獐岛村志》
《防川村志》
《王兰庄村志》
《兰英村志》
《麻扎村志》
《堆谷山村志》
《韦小庄村志》
《城畈村（社区）志》
《石塘村志》
《隆里所村志》
《黄瓜山村志》
《三山村志》
《杨湾村志》
《陆巷村志》
《荷花村志》
《新生村志》
《石牌村志》
《尧治河村志》
《党家村志》
《东龙村志》
《官渡社区志》
《九保村志》

《焦庄户村志》
《肇兴村志》
《江东村志》
《宝坪村志》
《沙滩村志》
《鹏城社区志》
《塘尾村志》
《牡丹村志》
《北山社区志》
《万家村志》
《樵岭前村志》
《新城村志》
《井塘村志》

《花园河村志》
《白雾村志》
《花茂村志》
《水峪村志》
《南社村志》
《北崮山村志》
《德夯村志》
《长城村志》
《莲麻坑村志》
《电站村志》
《外三道沟村志》
《双凤村志》